Nicole Beste-Fopma | Alexandra Steffens-Klein

111 Orte in Shanghai, die man gesehen haben muss

111

emons:

Für unsere Männer. Für die, die mit uns in Shanghai leb(t)en – Holger, Maximilian und Reiner –, und die, die uns haben ziehen lassen – Tristan, Jan-Hendrik, Julian, Maximilian und Winfried.

Und für all unsere wunderbaren chinesischen und nicht-chinesischen Freunde.

Bibliografische Information der Deutschen Nationalbibliothek
Die Deutsche Nationalbibliothek verzeichnet diese Publikation in der Deutschen Nationalbibliografie; detaillierte bibliografische Daten sind im Internet über http://dnb.d-nb.de abrufbar.

MIX
Papier aus verantwortungsvollen Quellen
FSC® C043106
FSC
www.fsc.org

Gestaltung: Eva Kraskes, nach einem
Konzept von Lübbeke | Naumann | Thoben
Kartografie: altancicek.design, www.altancicek.de
Kartenbasisinformationen aus Openstreetmap,
© OpenStreetMap-Mitwirkende, ODbL
Druck und Bindung: Grafisches Centrum Cuno, Calbe
Printed in Germany 2021
ISBN 978-3-7408-1299-7

Vorwort

New York, London, Paris! In diese Reihe gehört zweifelsohne auch Shanghai. Denn die Megacity vereint den Reiz all dieser Metropolen und hat sogar noch ein bisschen mehr zu bieten. Nicht zuletzt einige der höchsten und modernsten Wolkenkratzer der Welt. Shanghai ist ein Schmelztiegel für Mode und Design. Und kaum eine andere Stadt ist so modern und gleichzeitig von Geschichte erfüllt.

Bei uns war es Liebe auf den ersten Blick, und dieses Buch ist unsere Liebeserklärung. Shanghai hat ab dem ersten Moment mit uns geflirtet – und wir mit Shanghai. Eine Stadt der Gegensätze und gleichzeitig eine der sich am schnellsten wandelnden Metropolen der Welt. Wo gestern noch alte Lilong-Anlagen standen, steht morgen schon ein moderner Wolkenkratzer.

Shanghai ist eine Weltstadt, die elektrisiert, und das seit mehr als einem Jahrhundert. Bereits in den 1920er Jahren galt Shanghai als das Paris des Ostens. Innerhalb weniger Jahre hatte es sich von einem einfachen Fischerdorf in eine internationale Metropole verwandelt. Wer etwas auf sich hielt, ging nach Shanghai. Unzählige kamen, um zu bleiben, andere statteten dem jungen urbanen Zentrum einen Besuch ab. Darunter Ernest Hemingway, Charlie Chaplin und Albert Einstein, Marlene Dietrich, Bette Davis und Agnes Smedley. Seitdem ist viel passiert. Die Eroberung Shanghais durch die Japaner, Tausende aus Europa geflohene Juden, aber auch die Kulturrevolution haben Spuren hinterlassen. Nicht alle sind auf den ersten Blick zu erkennen. Es lohnt sich also, genauer hinzuschauen.

Begleiten Sie uns an Orte, die Geschichten erzählen, die auch Kenner Shanghais erstaunen werden. Geschichten längst vergangener Tage. Aber auch Storys aus dem Hier und Heute. Legenden von Drachen und Geistern, Anekdoten aus dem Leben bekannter und unbekannter Menschen sowie so manche verblüffende und skurrile Geschichte.

111 Orte

THAMES
TOWN

1 Das 1617 Café Bistro

Cappuccino aus dem Drucker

Shanghai ist eine der schnelllebigsten Städte der Welt – und ein originelles Café oftmals genauso schnell verschwunden, wie es entstanden ist. Alles steht und fällt mit den Influencern. Können sie nicht davon überzeugt werden, über das Café zu berichten, ist jede noch so originelle Idee nach kürzester Zeit wieder dahin.

Das 1617 Café Bistro hält sich bereits seit etlichen Jahren – noch dazu in der eher unscheinbaren Shoppingmall »Metro Town« im Changning District. Aber vielleicht liegt es auch daran, dass sich dieses Café nicht nur auf originellen Cappuccino konzentriert, sondern man hier auch gemütlich ein Bier trinken und einen Snack zu sich nehmen kann. Die Einrichtung ist ein interessanter Fall von East meets West.

Die Besonderheit des 1617 bleibt aber zweifelsohne der Cappuccino mit seinen, auf perfekten Milchschaum gedruckten, leuchtend bunten Bildern. Auf einem Bildschirm direkt am Tresen kann man sich sein Lieblingsmotiv aussuchen. Es gibt nichts, was es nicht gibt. Jede bekannte oder nicht so bekannte Comicfigur: von Pokémon über Hello Kitty bis hin zu Micky Maus. Wer lieber eine Schauspielerin oder einen Schauspieler, eine Sängerin oder einen Sänger oder eine andere Berühmtheit auf Schaum betten möchte, für den gibt es die Gesichter sämtlicher bekannter Persönlichkeiten. Wer sich während des Trinkens selbst in die Augen schauen möchte, kann ein Selfie auf den Schaum drucken lassen.

Die Zubereitung des Cappuccinos unterscheidet sich nicht von der in anderen Cafés. Espresso in die Tasse, Milch aufschäumen … und dann wird es spannend. Die volle Tasse wird auf eine Vorrichtung gestellt, die langsam nach oben fährt, verschwindet, um dann kurze Zeit später wieder wie von Wunderhand mit dem gewünschten Motiv aufzutauchen. Es sind kleine Kunstwerke – gestochen scharf, mit klaren, kräftigen Farben. Aber es sind leider auch vergängliche Kunstwerke.

Adresse Metro Town, Shop Nr. 88B (1. Etage), 890 Changning Road, Changning District | **ÖPNV** Metro 3, 4 oder 12, Zhongshan Park, Ausgang 2 oder 4 | **Öffnungszeiten** 11.30–21 Uhr | **Tipp** Im an das Café angrenzenden Zhongshan-Park steht nicht nur die höchste Platane Chinas; der (passend zum Cappuccino) aus Italien stammende Baum hat außerdem die größte Baumkrone und den dicksten Stamm.

2 Das 1933 Old Millfun

Fluchtfenster für die Seelen der Tiere

1933, noch vor der Machtergreifung der Kommunisten, entstand in Shanghai das damals größte Schlachthaus Asiens. Entworfen vom britischen Architekten Andrew Balfour, ist das im schaurig-schönen Gotham-Art-déco-Stil erbaute Gebäude aus Beton, Glas und Stahl weltweit das einzige noch erhaltene seiner Art.

Es ist als betrete man ein riesiges Gemälde von Maurits Cornelis Escher. Vier Etagen, 26 Brücken, vier Veranden, diverse Rampen, offene und verborgene Treppen, spiralförmige Aufgänge und über 300 gotische Säulen. Alles so angelegt, dass Tausende Arbeiter ihren Arbeitsplatz, aber eben auch Millionen Rinder den Tod finden konnten.

Die »Luftbrücken«, über die das Vieh getrieben wurde, verjüngen sich, um den Rinderstrom zu kontrollieren. Der Bodenbelag der Rampen ist rau, damit das Vieh selbst dann Halt finden konnte, wenn der Boden verdreckt war. Die von den Wegen abzweigenden Auf- und Abgänge waren für den Fall gedacht, dass ein Rind aus der Menge ausbrach und drohte, einen Arbeiter tot zu trampeln. Die Gitterfenster sind alle gen Westen ausgerichtet, in Richtung des heiligen Landes der Buddhisten. So wurde nicht nur die optimale Luftzirkulation gewährleistet, sondern auch der Reinkarnationsprozess der Rinder unterstützt. Ob das genutzt hat? Viele Berichte über Tiergeister gibt es nicht, aber gespenstisch ist es hier irgendwie schon. Die Ausrichtung gen Westen hatte aber auch einen praktischen Nutzen. Der Wind in Shanghai bläst in aller Regel so, dass er bei westwärts gerichteten Fenstern den Schlachtgeruch davontrug.

Die 50 Zentimeter dicken Wände sind von innen hohl und sorgen für eine ideale Temperatur. Alles ist bis ins kleinste Detail durchdacht und dabei nicht nur praktisch, sondern auch schön. Es lohnt sich, die Fenster und die »blühenden« Säulen näher zu betrachten. Der Architekt hat nämlich zahlreiche bemerkenswerte Art-déco-Elemente integriert.

Adresse 10 Shajing Road, Hongkou District | ÖPNV Metro 4 oder 10, Hailu Road, Ausgang 3, Siping Road, in die Wutai Road, die in die Liaoning Road und dann in die Zhegao Road übergeht, über die Brücke in die Shajing Road | Öffnungszeiten 8.30–22 Uhr | Tipp Die Zhapu Road ganz in der Nähe gehört zu den besten Streetfood-Meilen Shanghais. Mit Englisch kommt man hier nicht weit, aber wer »Händisch« und »Füßisch« beherrscht, wird die Straße nicht hungrig verlassen müssen.

3 Das 1984

Das hinter der Metalltür versteckte Café

Noch vor wenigen Jahren musste man lange suchen, um in Shanghai einen Kaffee zu bekommen. Innerhalb von nur wenigen Jahren hat sich das grundlegend geändert. Von der ganz kleinen Kaffeebar bis hin zum zweitgrößten Starbucks der Welt gibt es mittlerweile alles. Nicht alle Cafés sind auf den ersten Blick zu sehen und die besten gut versteckt.

So auch das »1984«. Man muss wissen, dass sich hinter der hohen Mauer ein gemütliches Café befindet. Man muss sich aber auch trauen, die schwere Metalltür an der angegebenen Adresse einfach zu öffnen. Denn nichts weist darauf hin, dass sich dahinter, am Ende eines düsteren Gangs, gemütliche Räume befinden, die bis an die Decken mit Büchern gefüllt sind. An langen Tischen sitzen die Besucher, arbeiten, lesen oder unterhalten sich und trinken Kaffee. Im Sommer lädt der versteckte Garten zum gemütlichen Verweilen im Schatten ein.

Weder das Ambiente noch die Bücher noch der Service sind gewöhnlich. Alles hat ein ganz besonderes Flair. Viele der hier angebotenen Bücher stammen aus nicht staatlichen Verlagen. Eines der Regale ist vollgestopft mit abgegriffenen Büchern in allerlei Sprachen. Nicht immer ist erkennbar, ob man das Buch – oder was auch immer sonst im Regal steht – kaufen kann oder nicht. Offensichtlich das Konzept des Ladens: alles kann, nichts muss.

2020 ging eine Nachricht aus dem Café viral. Denn auch an diesem Ort ist die Corona-Krise nicht spurlos vorbeigegangen. Wie so viele Cafés musste auch das »1984« große finanzielle Einbußen hinnehmen. Die Besitzer standen kurz vor dem Aus. Um aber so lange wie möglich zu überleben und vielleicht doch noch mit einem blauen Auge aus der Krise zu kommen, hatten sie auf Weibo, dem chinesischen Pendant zu Twitter, bekannt gegeben, dass sie alles, was nicht niet- und nagelfest ist, verkaufen würden. Die Reaktionen waren überwältigend. Das 1984 hat überlebt.

Adresse 11 Hunan Road, Xuhui District | **ÖPNV** Metro 10, Shanghai Library, Ausgang 3, über die Huaihai Road in die Hunan Road | **Öffnungszeiten** 11–22 Uhr | **Tipp** Direkt um die Ecke des Cafés befindet sich die Villa Hunan (262 Hunan Road) – zu erkennen an den vier großen chinesischen Zeichen auf der Mauer –, in der Maos dritte Frau viele Jahre lang wohnte.

4 A Da Cong You Bing

Der berühmteste Pfannkuchenmann

Wenn man nicht weiß, wo in der Ruijin 2nd beziehungsweise Yongjia Road er seinen Laden hat, kann man ihn schnell mal zwischen all den anderen kleinen Streetfood-Restaurants übersehen. Wenn man aber weiß, dass sich vor seinem Stand immer eine Schlange bildet, findet man das kleine Verkaufsfenster problemlos. Seit über drei Jahrzehnten verkauft Mr. Wu seine Frühlingszwiebel-Pfannkuchen (Cōng yóu Bǐng) und ist mittlerweile der berühmteste Pfannkuchenmann Shanghais. Ihn persönlich zu entdecken ist dann die nächste Herausforderung. Er kann nicht aufrecht stehen und verschwindet in seiner gebückten Haltung hinter all den Menschen vor seinem Fenster.

Mr. Wus Pfannkuchen-Verkauf war aber nicht immer hier. Angefangen hat alles in der Nanchang Road. Dort fiel sein Laden aber einem der zahlreichen Grundstücksspekulanten zum Opfer. Also zog er in die Maoming Road um, wo er vor einigen Jahren von einem Foodblogger entdeckt wurde. Quasi die Geburtsstunde seines großen Erfolgs, die in einer BBC-Dokumentation gipfelte, aber gleichzeitig auch der Anfang vom Ende in der Maoming Road. Anwohner fühlten sich von den vielen Menschen vor seinem Laden belästigt, und man fand heraus, dass er seine Pfannkuchen ohne gültige Lizenz verkaufte. Das war, so schien es, das Ende.

Doch dann wurde Ele.me, ein Lieferservice, auf ihn aufmerksam, investierte und half Mr. Wu, seinen Laden am jetzigen Standort wiederzueröffnen. Wer jetzt hier einen Pfannkuchen ergattern möchte, muss entweder sehr früh morgens aufstehen oder eine gute Portion Geduld mitbringen. Denn noch vor sechs Uhr morgens verteilt Mr. Wu tagtäglich, außer mittwochs – das ist sein Wochenende –, an die ersten 50 Wartenden Nummern, die er ihnen direkt auf die Hand schreibt. Erst dann bereitet er alles vor: Teig ansetzen, Frühlingszwiebeln schneiden, Frittierfett vorbereiten und was sonst noch alles zu erledigen ist.

Adresse 4, 120 Ruijin 2nd Road, Nähe Yongjia Road, Xuhui District | ÖPNV Metro 1, 10 oder 12, South Shaanxi Road, Ausgang 4, über die Maoming Road bis zur Yongjia Road | Öffnungszeiten Do–Di 5–14 Uhr | Tipp In der 590 Yongjia Road steht das teuerste Haus Shanghais. Vor einigen Jahren verkauften zwei Schwestern es für ungefähr 450.000 Renminbi (ca. 58.000 Euro) pro Quadratmeter.

5 A Long Time Ago

Maden am Spieß

Es ist eines der angesagtesten Restaurants in Shanghai. Zumindest bei der jüngeren Generation. Wer im »A Long Time Ago« essen möchte, muss allerdings Zeit und eine ganze Menge Geduld mitbringen. Denn man kommt nicht einfach hin und setzt sich an einen Tisch. Man kann auch keinen Tisch reservieren. Man muss vielmehr eine Nummer ziehen und warten. Chinesen nehmen ihr Essen sehr ernst. Ihnen macht es nichts aus, auch mal länger auf einen Tisch zu warten. Was man während der Wartezeit macht, ist einem jeden selbst überlassen. Es ist durchaus üblich, dass vor angesagten Restaurants Hocker stehen. Man kann sich also vor das Restaurant setzen und unterhalten oder mit dem Handy spielen, so wie das die meisten machen. Eventuell lohnt es sich sogar, in einer der umliegenden Bars schon mal einen Drink zu sich zu nehmen. Ist man an der Reihe, wird man angerufen.

Das Restaurant selbst ist ein Mix aus Steinzeithöhle und modernem Design. In dem riesigen Restaurantbereich sitzen die Gäste in kleineren und größeren Gruppen um rechteckige Grills, auf denen sich mehrere Spieße drehen. Die Bedienung ist jung und entsprechend locker unterwegs. Die Bestellung wird mit viel Tamtam an den Tisch gebracht. Für jeden Gast gibt es eine Dose »Frische Luft« aus der Mongolei: auf der Dose Schafe und grüne Wiesen, in der Dose Luft, die tatsächlich nach frisch gemähter Wiese riecht.

Es gibt Spieße, wahlweise mit Schwein, Rind oder Huhn, Spieße mit Riesengarnelen, Spieße mit in Speck eingerolltem Spargel. Eine Spezialität des Hauses waren Seidenspinnerraupen am Spieß. Mehrere dicke, weiße Raupen mit ihren schwarzen Köpfchen wurden fein säuberlich auf einen Spieß gereiht und dann einige Minuten lang über dem Grill gegart. Aufgrund von Covid wurden sie jedoch vorläufig von der Speisenkarte genommen. Aber wer weiß, vielleicht werden sie irgendwann wieder angeboten. Denn sie zu essen, ist zwar nicht jedermanns Sache, sie sollen aber sehr eiweißreich und gesund sein.

Adresse 180 Yunnan Nan Road, Huangpu District | ÖPNV Metro 8, Dashijie Station, Ausgang 1, Xizang Road Richtung Huaihai, links in die Jinling East Rand, Erste rechts in die Yunnan South Road | Öffnungszeiten 17–4 Uhr | Tipp Wer Insekten lieber nicht am Spieß, sondern lebend sehen möchte, sollte in das »Shanghai Natural Wild Insect Kingdom« (1 Fenghe Road) in Pudong gehen. Ein liebevoll gestalteter Ort, der mehr als »nur« Insekten zeigt.

6 Die Amyron Apartments

Der verschwundene Art-déco-Architekt

Shanghai ist die Stadt mit den meisten noch erhaltenen Art-déco-Gebäuden der Welt. Man findet sie überall. Insbesondere in der Französischen Konzession. So auch die »Amyron Apartments« des spurlos verschwundenen französischen Architekten Alexandre Léonard.

Léonard, 1890 in Paris geboren, zog es 1921 nach Shanghai. Bereits 1922 eröffnete er mit Paul Veysseyre und Arthur Kruze das schon bald bekannteste und erfolgreichste Architekturbüro für Art déco. Aber schon Ende der 1930er Jahre verließen Veysseyre und Kruze Shanghai. Léonard hatte beschlossen zu bleiben. Gemeinsam mit seiner Frau Anna Ivanovna Nicolaïva Bowshis, einer berühmte Tänzerin. Für Anna entwarf Leonard sein letztes Meisterwerk – den Amyron Court. Ein sechsstöckiges Art-déco-Appartementhaus, das ausschließlich an Künstler vermietet werden sollte.

1941, das Gebäude war gerade fertiggestellt, nahmen die Japaner Shanghai endgültig ein und übergaben die Macht an das französische Vichy-Regime. 1942 musste Léonard seine Nationalität, seinen Namen und all seine Besitztümer abgeben. Der Grund: seine »gemischte Ehe« mit Anna. Anna, eine Russin mit polnischem Pass, hatte 1939 aufgrund des Hitler-Stalin-Pakts ihre polnische Nationalität abgeben müssen und war jetzt wieder Russin.

Am 1. März 1946, nur zwei Tage nachdem die Provisorische Regierung in Paris die Französische Konzession an die Chinesen zurückgegeben hatte, hing ein Zettel an der Tür des Amyron. Jemand forderte die Vertreibung des »Ehemanns der Bowshis«. Seitdem ist Alexandre Léonard verschwunden. Über seinen Verbleib gab es nur Spekulationen, aber niemand wusste Genaueres. Dennoch kamen nur 25 Tage später, am 26. März 1946, der Generalkonsul Frankreichs und mehrere Offizielle im französischen Konsulat zusammen, um Alexandre Léonards letzten Willen zu verlesen. Aber: Es gab keine Todesurkunde. Es gab keinerlei Beweis für seinen Tod. Bis heute nicht.

Adresse 14 Gao'an Road, Xuhui District | **ÖPNV** Metro 1, Hengshan Station, Ausgang 2, Hengshan Road Richtung Gao'an Road | **Öffnungszeiten** immer | **Tipp** Eine der bekanntesten Art-déco-Straßen ist die Hankou Road, in der ein imposanter Bau neben dem anderen steht.

7 Das Auto-Museum

Der Hongqi – eines der letzten seiner Art

Das 2007 eröffnete Museum ist das erste Shanghais, das sich ausschließlich dem Automobil widmet. Hier findet sich alles rund um die Geschichte der Mobilität, die Ursprünge des Automobils, seine Technik und die Entwicklung der Autoindustrie Chinas.

Auf drei Etagen finden sich unzählige Autos aus aller Welt. Darunter sowohl skurrile Oldtimer als auch das erste Auto, das in China sowohl entworfen als auch entwickelt und hauptsächlich in Handarbeit hergestellt wurde – der Hongqi (»Rote Fahne«) CA770 des Herstellers »First Automotive Works«. In ganz China sind nur noch wenige Exemplare erhalten. Eines davon steht in der Garage des ehemaligen Wohnsitzes von Qingling Song. Der Hongqi gehörte mit drei Sitzreihen zu den Luxusautos seiner Generation und war ausschließlich dem obersten Führungskader vorbehalten. Die unteren Ränge fuhren Jeep.

Das Auto für die mittlere Führungsebene war der Shanghai SH760 des Herstellers »Shanghai Auto Works«. Das Unternehmen war die erste Automanufaktur Shanghais – hervorgegangen aus einer Shanghaier Autowerkstatt. Das seinerzeit vorgegebene Ziel: einen Mittelklassewagen entwickeln. 1964 wurden die ersten 50 Modelle des Shanghai (vorher Phoenix) – unter der Modellbezeichnung SH760 – noch in Handarbeit gefertigt. Aber schon Mitte der 1960er Jahre ging er in die Produktion, und bis 1991 liefen jährlich 5.000 Autos vom Band.

Eine weitere Erfolgsgeschichte: 1984 ging die »Shanghai Automotive Industry Corporation« (SAIC) eine Kooperation mit Volkswagen Deutschland ein und brachte den VW Santana auf den Markt. Zunächst mussten die meisten Einzelteile noch eingeführt werden. Lediglich die Reifen, Radio und Antenne kamen aus China. Ab 1998 aber waren bereits 90 Prozent der Autokomponenten lokal gefertigt. Wie erfolgreich Volkswagen war, zeigen die Zahlen. Zeitweise hatte der Konzern in China einen Marktanteil von mehr als 50 Prozent.

Adresse 7565 Boyuan Road, Jiading District | **ÖPNV** Metro 11, Shanghai Automobile City, Ausgang 3, Qichecheng Ring Road, links auf die Anyue Road, rechts in die Anchi Road, links auf die Tashan Road bis zur Boyuan Road | **Öffnungszeiten** Di–So 9.30–16 Uhr, Eintritt 60 Renminbi | **Tipp** Direkt neben dem Museum befindet sich der »Shanghai Auto Expo Park« – inklusive Probefahrtenzentrum und Glücksfelsen.

8 Baojian Pin Shichang

Der Markt für traditionelle chinesische Medizin

Die traditionelle chinesische Medizin (TCM) wird in China seit über 5.000 Jahren praktiziert und ist ein fester Bestandteil des chinesischen Gesundheitssystems. Noch heute vertrauen viele Chinesen eher der TCM als der Schulmedizin.

Erste Hinweise auf TCM-Rezepturen gehen auf den »Göttlichen Bauer« Shennong zurück. Er soll verschiedene Kräuter auf ihre therapeutischen Eigenschaften untersucht haben. In seinem Kräuterbuch (»Běn Cǎo Jīng«) beschreibt er die Wirkung von 365 verschiedenen Heilkräutern sowie mineralischen und tierischen Produkten. Bis heute ist das Běn Cǎo Jīng die Grundlage für zahlreiche Rezepturen. All diese Kräuter findet man in der ältesten TCM-Apotheke Shanghais in der Nanjing Road. Wer es ursprünglicher haben möchte, besucht den Markt für traditionelle chinesische Medizin.

Auf den ersten Blick weist nichts darauf hin, dass sich in diesem modernen mehrstöckigen Gebäude ein Markt befindet. Je näher man aber kommt, desto intensiver wird der Geruch nach getrockneten Kräutern, Fisch und Meersalz. Oftmals liegen schon auf den Stufen Wurzeln, die zum Trocknen nach draußen gelegt werden.

Im Gebäude selbst befinden sich auf den ersten drei Etagen Hunderte kleine Shops. In ihnen verkaufen die Hersteller und Großhändler in großen Säcken, kleinen Plastiktütchen oder Holzboxen allerlei interessante Kräuter, TCM-Medizin und Nahrungsergänzungsmittel. Man findet Ginseng und Ingwer, neben Ginkgosamen, Linienzwiebeln und Pfingstrosenwurzeln. Seepferdchen, Seegurken und Seidenraupen. Alles getrocknet. Alles, was man hier kauft, muss noch zu Pulver verarbeitet werden. Wer sich aber mit TCM auskennt, wird sehen, dass die hiesigen Preise unter denen in den modernen TCM-Apotheken Chinas liegen und weit unter denen außerhalb Chinas.

Noch skurriler wird es in der vierten Etage, denn sie ist für auf Sexspielzeug spezialisierte Händler reserviert. Aber sehen Sie selbst …

Adresse 428 Tianmu Zhong Road, Zhabei District | **ÖPNV** Metro 1, Xinzha Road, Ausgang 5, Xinzha Road, über die Brücke auf die Wuzhen Road, rechts in die Xinjiang Road (circa 600 Meter) | **Öffnungszeiten** Sommer 9–17.30 Uhr, Winter 9–18 Uhr | **Tipp** Die erste und älteste TCM-Apotheke Shanghais befindet sich in der 616 East Nanjing Road.

9 Der Beijing Department Store

Spucknäpfe für die Fruchtbarkeit

Was sich anhört wie ein riesiges Warenhaus, ist in Wirklichkeit nur ein schmaler, lang gezogener Verkaufsraum. Seit knapp 65 Jahren werden hier Haushaltsgegenstände verkauft, die in keinem Shanghaier Haushalt fehlen dürfen. Das Angebot ist ebenso erschlagend wie skurril.

In den Regalen hängen und liegen Hunderte von Fake-Kragen. Warum diese Kragen erfunden wurden? Die einen sehen es so: Es ist einfacher, nur einen Kragen waschen zu müssen. Die anderen sagen: Ein Fake-Kragen ist preiswerter als ein Hemd. Dazwischen Plastikarmstulpen, wie man sie bei Scooter-Fahrern oft sieht. Bettwärmer, die insbesondere während der kalten Winter in Shanghai benötigt werden. Die meisten Häuser sind schlecht isoliert, und weil Shanghai in der südlichen Hälfte Chinas liegt, gibt es keine Heizungen. Um sich innerlich wärmen zu können, gibt es Teekannen in allen Größen und Formen. Man bekommt auch Messer, Scheren und Maniküre-Sets, die aber eher an Foltergeräte erinnern. Außerdem im Angebot: Schmuckschatullen, Pillendöschen, Kupferlöffel und spezielle Löffel für die Zubereitung von Eier-Dumplings.

Selbstverständlich gibt es auch Spucknäpfe (»Tányú«*)*. Die Stadtregierung Shanghais hat zwar verboten, in der Öffentlichkeit zu spucken, was nicht alle davon abhält, es dennoch zu tun. Spucken in den eigenen vier Wänden ist allerdings erlaubt. Frisch Verheirateten schenkt man sogar einen Spucknapf zur Hochzeit. Er wird zu diesem Anlass mit chinesischen Datteln, Lotosblüten, Erdnüssen und einer Art getrockneter Pflaumen gefüllt und soll helfen, schnell eine Familie zu gründen.

Neben all diesen Gebrauchsgegenständen ist der Department Store aber auch eine wahre Fundgrube für Waren, die noch in Shanghai selbst produziert werden. Darunter diverse Seifen. Alles Produkte der 1908 gegründeten »Shanghai Soap Company«.

Adresse 156 Shimen Road Nr. 2, Jing'an District | ÖPNV Metro 2, 12 oder 13, Nanjing West Station, Ausgang 11 | Öffnungszeiten 9–17 Uhr | Tipp Die »Fantasy Bubble Exhibition Hall«, das Museum der Shanghai Soap Company, finden Sie direkt am Huangpu River im Yangpu District.

10 Die Blumenkübel

Volksbildung am Bund

Überall auf den Gehwegen am Bund stehen farbenfrohe Blumenkübel. Man könnte meinen, dass die Stadtregierung Shanghais das so eingerichtet hat, damit alle, die einen Schnappschuss knipsen wollen, einen schönen Farbklecks auf dem Foto haben. Dem ist bestimmt so, aber hinter den Blumenkübeln verbirgt sich doch viel mehr.

Am Bund befinden sich die besten Restaurants der Stadt. Selbstredend, dass hier alles, was Rang und Namen hat, ein- und ausging und geht. Bis vor wenigen Jahren ließen sich die Prominenz sowie die Stars und Sternchen Shanghais und Chinas von ihren Fahrern gern bis vor die Eingangstür fahren. Am Bund bedeutete das, dass die Fahrer auf den Gehweg fuhren, um dort, direkt am Eingang zu den Gebäuden, anzuhalten und ihre Passagiere aussteigen zu lassen. Obwohl das schon immer verboten war, haben die Polizisten nicht ernsthaft eingegriffen.

Shanghai hat aus der Not eine Tugend gemacht. Frei nach dem Motto: Sag es mit Blumen(kübeln)! Damit niemand sein Gesicht verlieren musste, beschloss die Stadtregierung Shanghais, am gesamten Bund Blumenkübel so aufzustellen, dass keine Autos mehr durch die Lücken passten. Sie können noch nicht einmal direkt neben den Blumenkübeln anhalten, ohne den gesamten Verkehr aufzuhalten.

Weil die Blumenkübel nun schon einmal da waren, hatte die Regierung der Stadt die Idee, die Kübel auch für die politische Bildung des Volkes nutzen. Seither steht auf jedem Blumenkübel einer der zwölf Grundwerte des Sozialismus chinesischer Prägung. Die zwölf Werte sind entweder national, gesellschaftlich oder individuell ausgerichtet. Die nationalen Werte lauten: Wohlstand (富强), Demokratie (民主), Kultiviertheit (文明) und Harmonie (和谐). Die Werte der Gesellschaft: Freiheit (自由), Gleichheit (平等), Gerechtigkeit (公正) und Rechtsstaatlichkeit (法治). Die Werte des Individuums: Vaterlandsliebe (爱国), Hingabe (敬业), Integrität (诚信) und Freundschaft (友善).

Adresse Zhongshan East Road, Huangpu District | **ÖPNV** Metro 2 oder 10, West Nanjing Road, Ausgang 3, die Nanjing Road runter bis an den Bund | **Tipp** Auch am Bund befindet sich eines der ganz wenigen Gebäude im chinesischen Art-déco-Stil: die Bank of China (23 Zhongshan East 1st Road).

11 Das Bulgari Hotel

Ein Mann setzt sich ein Denkmal

Shanghai ist eine der faszinierendsten Metropolen der Welt. Eine Stadt, die niemals schläft. Die sich im ständigen Wandel befindet. Ein Blick aus der Vogelperspektive: atemraubend – egal ob bei Tag oder bei Nacht. Während die meisten für den ultimativen Blick über Shanghai in eine der Rooftop Bars direkt am Bund gehen, bietet das Bulgari Hotel von seiner Rooftop Bar in der 48. und von seinem Restaurant in der 47. Etage gleich zwei Gelegenheiten für eines der faszinierendsten Panoramen überhaupt.

Man sieht den Huangpu in seiner ganzen Pracht – und wie er sich einmal quer durch die Stadt schlängelt. Von Süden kommend, um das Finanzviertel in Pudong herum in Richtung Meeresmündung. Man sieht die Kutter, Touristenboote und riesigen Containerschiffe flussaufwärts und -abwärts schippern. Dazwischen immer wieder Fähren, die ihre Passiere zwischen Puxi und Pudong transportieren. Man sieht die Mündung des Suzhou Creek in den Huangpu. Was nur die wenigsten wissen: Von hier aus kann man sehen, wie sich Victor Sassoon, der Mann, der das Gesicht Shanghais maßgeblich geprägt hat, in der Stadt ein Denkmal gesetzt hat.

Unzählige Gebäude gehen auf Victor Sassoon zurück. Darunter das heutige Fairmont Peace Hotel und das Embankment Building. Diese beiden Gebäude ergeben, von oben gesehen, die Initialen Victor Sassoons. Die beiden Diagonalen des heutigen Peace Hotels treffen sich am Bund und ergeben ein »V«. Der Grundriss des Embankment Buildings, das direkt zu Füßen des Bulgari Hotels liegt, gleicht einem »S«. Beide Gebäude waren für Sassoon von besonderer Bedeutung. Im Peace Hotel hatte er eine Wohnung. Im Embankment Building richtete er ein »Auffanglager« für aus Europa geflohene Juden ein.

Wer sich gewundert haben sollte, warum der Mann, der Shanghai so geprägt hat, kein Denkmal in der Stadt hat, weiß jetzt: Er hat sich sein eigenes Denkmal gesetzt.

Adresse 33 Henan North Road, Hongkou District | ÖPNV Metro 2 oder 10, East Nanjing Road, Henan Road rechts in die Beijing Road; hinter dem Zhongyi-Gebäude findet sich das Bulgari Hotel | Öffnungszeiten 18–23 Uhr | Tipp Überall in der Stadt stehen Mietfahrräder. Eine Tour am Suzhou River entlang an den Bund zu machen, lohnt sich allein schon wegen der zahlreichen sehenswerten Brücken – alten wie neuen.

12 Die Caobao Road Station

Die Geisterstation

Shanghai ist die modernste Stadt Chinas, was aber nicht bedeutet, dass die Menschen hier nicht abergläubisch wären. Sie wollen nicht in Häusern wohnen, die auf ehemaligen Friedhöfen errichtet wurden, oder dort, wo Menschen einen gewaltsamen Tod starben. Es verwundert daher nicht, dass sich hartnäckig das Gerücht hält, dass es an der Metrostation »Caobao Road« spukt.

Insgesamt sind in ihr schon neun Menschen zu Tode gekommen. Über die Umstände gibt es unterschiedliche Aussagen von Augenzeugen. Beispielsweise zum Tod eines Mannes, der von einem Zug erfasst und getötet wurde. Die einen berichten, dass irgendetwas Komisches den Mann in die Gleise gestoßen hätte. Andere, dass er von jemandem auf die Gleise gezogen worden wäre. Angestellte der Metro berichten außerdem von einem mysteriösen Frauenlachen, das sie hören, wenn sie die geschlossene Station reinigen. Die Frau ist aber partout nicht auffindbar. Wartende erzählen von dem Geist einer jungen Frau, die sich in den Tod gestürzt hat. Direkt nach ihrem Selbstmord soll ihr Geist mehrere Tage in Folge in einem roten Kleid auf ein und derselben Bank gesessen haben. Fahrgäste berichten auch, dass sich die Türen der Waggons an dieser Station nicht öffnen. Züge bleiben liegen, funktionieren aber wieder, sobald sie aus der Station gezogen worden sind.

Nicht verwunderlich also, dass die Station Caobao Road auch »Geisterstation« genannt wird. Mit ihren zu schmalen Plattformen und der unglücklich gewählten Lage war sie allerdings von Anfang an zum Scheitern verurteilt. In unmittelbarer Nähe der Station geht ein Bestatter seinem Beruf nach, und die Toilette der weiblichen Metroangestellten lag direkt neben dem Eingang zur Leichenhalle eines Krankenhauses.

Inzwischen wurde die Station verglast und damit sichergestellt, dass niemand mehr auf die Gleise kommt. Weder freiwillig noch durch Geisterhand.

Adresse Caobao Station, Xuhui District | **ÖPNV** Metro 1 und 12, Caobao Station | **Öffnungszeiten** 5–23 Uhr | **Tipp** In der U-Bahn-Station People's Square kann man am Eingang zum »Shanghai History Museum« einen der ersten Metrowaggons sehen.

13 Der Century Park

Posen mit der Pfirsichblüte

In der chinesischen Kultur spielen Pfirsichblüten eine wichtige Rolle. Sie sind Zutat zahlreicher Gedichte und Erzählungen, und selbstverständlich findet man sie auch auf den typisch chinesischen Malereien. In der Schule lernen die Kinder, dass es »drei Freunde des Winters gibt«. Drei Pflanzen, denen der Winter nichts anhaben kann: die Pinie, der Bambus und der Pfirsichbaum. Darüber hinaus gibt es die »Vier Noblen«. Auch hierzu zählt, neben Orchideen, Bambus und Chrysanthemen, der Pfirsichbaum. Seine Blüten stehen für Widerstandsfähigkeit, Demut und innere Schönheit.

Jedes Jahr erblühen im »Century Park«, einem der schönsten und gleichzeitig größten Parks Shanghais, Ende Februar die Pfirsichblüten, und sobald sich die ersten zeigen, strömen die Chinesen hierhin. Die Frauen beladen mit Koffern voller Kleider und Accessoires. Die Männer bis an die Zähne gerüstet mit Foto- und Filmkameras. Und dann geht sie los, die Suche nach dem perfekten Motiv. Für die Frauen bedeutet das: posen, was das Zeug hält. Mal lässig auf dem Weg schlendernd, mal interessiert an einer Blüte riechend. Mal allein, mal in der Gruppe. Chinesen lieben es zu posieren, und sie lieben es zu fotografieren. Es ist ein buntes Treiben, und alle haben sichtlich Spaß. Als Mensch aus dem Westen fragt man sich aber, warum die Chinesen diesen Aufwand betreiben. Was machen sie mit all den Fotos? Die Antwort ist so einfach wie offensichtlich: Zahlreiche Models sind Influencerinnen. Die chinesischen sozialen Medien sind voll von ihnen. Einige werden wie Popstars verehrt. Die Modelabel zahlen gern und viel dafür, von diesen Influencerinnen vertreten zu werden. Für andere ist es ein Hobby.

Wer für die Pfirsichblüte zu spät dran ist, kann sich immer noch auf die Magnolienblüte freuen. Wenn der Winter langsam zur Neige geht und der Frühling seine ersten Vorboten schickt, ist die Magnolie bereits in voller Blüte und verbreitet ihren betörenden Duft.

Adresse 809 Huamu Road, Pudong District | **ÖPNV** Metro 2, Century Park | **Öffnungszeiten** Sommer täglich 6–18 Uhr, Winter täglich 7–17 Uhr | **Tipp** Wer sich mehr für Wissenschaft und Technik interessiert, sollte unbedingt das »Science and Technology Museum« (2000 Century Avenue) besuchen.

14 Das Changning Building Restaurant

Die Geburtsstätte der Xiaolongbao

Die Wasserstadt Nanxiang hat nicht nur eine lange Geschichte, sondern ist auch die Geburtsstätte einer der bekanntesten Spezialitäten Shanghais. Hier sind die Xiaolongbao (小笼包) »erfunden« worden – kleine, mit Brühe und Schweinefleisch gefüllte und über Dampf gegarte Teigtaschen.

Zum Siegeszug der Xiaolongbao gibt es zwei Legenden. Die eine besagt, dass Huang Mingxian, Besitzer des Restaurants »Ri Hua Xuan«, in den 1870er Jahren der Schweinefleischfüllung seiner Teigtaschen etwas Aspik hinzufügte. Da das Aspik schmilzt, während die Teigtaschen in den Bambuskörben über dem Dampf garen, füllt sich das Innere mit Brühe. Er war so begeistert, dass er die kleinen Köstlichkeiten unter dem Namen »Nanxiang da rou mantou« (großes, mit Fleisch gefülltes Brötchen) verkaufte. Die Kunden aber hatten bald einen anderen Namen für die neue Kreation und nannten sie »Nanxiang Xiǎo (klein) lóng (Körbchen) bāo (Brötchen)«.

Eine andere Legende besagt, dass Kaiser Qianlong (1711–1799) auf einer seiner Reisen die Teigtaschen als lokale Spezialität in Wuxi zum Probieren gereicht bekam und so ins Schwärmen geriet, dass bald jeder die Xiaolongbao essen wollte. Glaubt man der Legende um den Kaiser, steht »long« nicht für Körbchen, sondern für Drache. Der Kaiser, der mit einem Schiff reiste, trug nämlich den Spitznamen »Yóu lóng« – »schwimmender Drache«, und im Chinesischen klingen »Körbchen« und »Drache« gleich.

Das Restaurant gibt es noch heute und hier gibt es die besten Xiaolongbao – die mit den 14 Falten. Sie zu essen ist eine Kunst: Mit den Stäbchen legt man ein Xiaolongbao auf den flachen Löffel und beißt vorsichtig oben ab. Jetzt kann man die Brühe pur schlürfen oder ein wenig Essig oder Sojasauce hinzufügen. Wenn das Xiaolongbao etwas abgekühlt ist, wird es in einem Stück vom Löffel gegessen.

Adresse 75 Renmin Street, Nanxiang, Jiading District | ÖPNV Metro 11, Nanxiang, Ausgang 1, entlang der Huyi-Schnellstraße etwa 15 Minuten in Richtung Süden; oder mit Bus 2 zum Guyi-Garten | Öffnungszeiten 7.30–20 Uhr | Tipp Der Guyi-Garten, auch bekannt als »Ancient Yi Garden«, gehört zu den fünf klassischen Gärten Shanghais, und man sagt ihm nach, der schönste zu sein.

15 Der Charging Bull

Der etwas andere Stinkefinger

Der »Charging Bull« (Stürmender Bulle) am Bund erinnert stark an den Bullen in der New Yorker Wall Street. Nicht verwunderlich, denn beide Bullen wurden von demselben Künstler erschaffen. Arturo Di Modica hatte die 3.200 Tonnen schwere Bronzestatue für New York als Reaktion auf den Börsencrash von 1987 geschaffen. Damals ein noch kaum bekannter Künstler, hatte er geplant, den Bullen am 15. Dezember 1989 heimlich und quasi als Mahnmal vor dem Börsengebäude aufzustellen. Für die gesamte Aktion hatte er, aufgrund von Polizeipatrouillen, allerdings lediglich vier Minuten Zeit. Leider war die Straße jedoch gesperrt, weil just an diesem Tag ein riesiger Weihnachtsbaum installiert worden war. Kurzerhand hat Di Modica den Bullen einfach unter den Weihnachtsbaum »gelegt«.

Verständlich, dass die Nachricht von diesem ungewöhnlichen Geschenk schnell ihren Weg in die internationale Presse gefunden hat. Der Bulle wurde noch am gleichen Abend wieder entfernt. Seitdem steht er an seinem jetzigen Standort.

Weniger spektakulär fand der Charging Bull Shanghais seinen Platz am Bund. Seine Ausrichtung ist aber umso spektakulärer. Das Hinterteil des Bullen zeigt nach Westen. Viele sehen in der Position, wie er am Bund aufgestellt wurde, den »Stinkefinger«, den China dem Westen – und in erster Linie den USA – zeigt.

Durch die Guerilla-Aktion zu Ruhm gekommen, konnte Di Modica es sich leisten, Shanghai seinen Bullen zu schenken. Mit seinen 2,5 Tonnen ist er etwas leichter als sein amerikanischer Bruder, ansonsten aber fast identisch. Laut Arturo Di Modica ist der chinesische Bulle allerdings »röter, jünger und stärker«. Enthüllt am 15. Mai 2010, kurz nach der Weltwirtschaftskrise und kurz vor der Weltausstellung in Shanghai, steht Di Modicas chinesischer Bulle für die wachsende Virulenz und wirtschaftliche Kraft Chinas. Seine Hoden zu berühren, soll übrigens Glück bringen.

Adresse 20 Nanjing East Road, Huangpu District | **ÖPNV** Metro 2 oder 10, West Nanjing Road, Ausgang 3 | **Tipp** Einen etwas anderen Blick auf den Bund hat man vom Wasser aus. Setzen Sie doch mal mit der öffentlichen Fähre über den Huangpu – am besten mit einer Fähre, bei der man an Deck sitzen kann.

16 Die Chöre

Revolutionslieder im Park

In keinem anderen Park in Shanghai treffen sich so viele Menschen zum gemeinsamen Singen. Während der warmen Jahreszeit versammeln sie sich jeden Tag in der Nähe der Statuen der Literaten. Während der nassen und kälteren Zeit des Jahres trifft man sie an den Wochenenden an oder wenn es trocken ist. Mit aller Inbrunst werden gemeinsam Liebeslieder, Lieder aus der Zeit der Revolution oder einfach nur Volkslieder gesungen.

Der Namensgeber des Parks, Lu Xun, gilt als der Spiritus Rector der modernen chinesischen Literatur. Als Mitbegründer der »Bewegung des 4. Mai« rebellierten er und seine Mitstreiter gegen die elitäre konfuzianische Tradition der Gesellschaft. Die letzten Jahre seines Lebens hat er ganz in der Nähe des Parks gewohnt. Deswegen wurde der ehemalige Hongkou-Park 1988 in Lu-Xun-Park umbenannt. Heute ist er ganz Lu Xun und der Literatur gewidmet und gilt als einer der schönsten Parks Shanghais. Hier befinden sich sein Mausoleum und das Lu-Xun-Museum. Außerdem trifft man auf zahlreiche Statuen weiterer weltberühmter Literaten, darunter Goethe, Puschkin, Dickens und Shakespeare.

Die Parks in Shanghai erlauben ihren Besuchern einen tiefen Einblick in die chinesische Kultur. Sie sind der soziale Dreh- und Angelpunkt für alle, die in der Nähe wohnen. Morgens trifft man sich zum gemeinsamen Frühsport. Vereinzelt trifft man auf Menschen, die auf einem Musikinstrument üben. Andere haben ihre Vögel in Käfigen dabei, die sie in die Bäume hängen. Und während die Vögel um die Wette zwitschern, besprechen ihre Besitzer schon mal die Lage der Nation. Mittags bringen die Großeltern ihre Enkel auf die Spielplätze, spielen mit Freunden Karten oder Go oder diskutieren in kleinen bis großen Gruppen die aktuelle Weltpolitik. Abends joggt die jüngere Generation durch die Parks, während die Älteren sich treffen, um gemeinsam zu sporteln. In mal größeren mal kleineren Gruppen wird dann wieder gemeinsam getanzt, gedehnt oder Tai Chi gemacht.

Adresse Lu-Xun-Park, 2288 North Sichuan Road, Hongkou District | **ÖPNV** Metro 3 oder 8, Hongkou Football Stadium, Ausgang 1 | **Öffnungszeiten** im Winter 6–18 Uhr, im Sommer 5–21 Uhr | **Tipp** Nur 20 Minuten Fußweg vom Lu-Xun-Park entfernt liegt die Doulun Road, auch als »Culture Street« bekannt. Dort wohnten viele Mitglieder der »Liga linksgerichteter Schriftsteller«, denen ein Museum gewidmet ist (Lane 201, Nr. 2, 9.30–16 Uhr, Eintritt 5 Renminbi).

17 Das Courtyard Marriott

Der goldene Tempel auf dem Dach

Der Blick nach oben lohnt sich in Shanghai immer. Die Stadt hat mehr Wolkenkratzer als alle Städte der USA zusammen – und es werden ständig mehr. In Xujiahui lohnt sich der Blick allerdings noch einmal mehr. Denn hoch oben auf einem der Hochhäuser befindet sich ein goldener Tempel im tibetanischen Stil.

Man fragt sich, warum in aller Welt die Shanghaier beschlossen haben, diesen Tempel in luftiger Höhe auf einem Wolkenkratzer zu errichten. Ist die Stadt wirklich schon so zugebaut, dass es keinen Platz mehr für einen Tempel gibt? Hatten Mönche die Eingebung, dass der Tempel genau an dieser Stelle stehen müsse? Da hier aber schon ein Hochhaus stand, hat man den Tempel eben obendrauf errichtet? Oder beschlossen die Mönche in Ermangelung von Bergen, den Tempel so in luftige Höhen bringen?

Die Antwort ist leider ebenso profan wie enttäuschend. Die Dachkonstruktion sieht zwar aus wie ein Tempel, ist aber gar keiner. Die Geschichte dahinter ist sehr viel weniger spektakulär als der »Tempel« selbst: Das 2009 eröffnete Courtyard Marriott war das achthundertste Marriott weltweit. Grund genug, aus ihm etwas ganz Besonderes zu machen. Das von einem Konsortium aus dem Autonomen Gebiet Tibet und der Xujiahu-Gruppe finanzierte Hotel sollte zugleich Hingucker und Orientierungshilfe werden. Mit dem allabendlich hell erleuchteten tibetischen Tempel, eine Reminiszenz an die Geldgeber, ist das gelungen.

Typisch für tibetanische Tempel ist der quadratische oder rechteckige Grundriss, der unterteilt ist in eine Versammlungshalle, den Wandelgang und den Bereich für die Zellen. Auch typisch für tibetanische Tempel ist das viele Gold. Es gibt unzählige Tempel mit goldenen Dächern, und manche Tempel scheinen sogar ganz aus Gold zu bestehen. Wie dieser. Gold steht im Buddhismus für Sonne und Feuer. Wie eine rechteckige Sonne leuchtet auch der Tempel hoch über Xujiahui.

Adresse 100 Hongqiao Road, Xujiahui, Xuhui District | **ÖPNV** Metro 1, Xujiahui, Ausgang 11 | **Öffnungszeiten** nur von außen zu besichtigen | **Tipp** Einen scharfen Blick noch weiter in den Himmel erhält man im »Shanghai Astronomical Observatory« (166 Puxi Road) – das erste und älteste seiner Art in China.

18 Das Deda Western Restaurant

Essen mit Besteck

Viele Shanghaier haben mit Bezug auf das erste westliche Restaurant der Stadt ähnliche Geschichten zu erzählen. Etliche sind im Deda erstmals mit westlichen Essen in Kontakt gekommen – und haben gelernt, mit Messer und Gabel zu essen. Andere hatten im Deda ihr erstes romantisches Rendezvous. Auch heute noch ist es für viele ein zentraler Treffpunkt. Jeder kennt jeden. Hier holt man sich morgens seine ersten Kaffee. Hier trifft man sich mittags zum Tee.

Seit seiner Gründung hat das Restaurant turbulente Zeiten erlebt. Gegründet 1897 von einem französischen Expat, wurde im Deda – »Dé« heißt »deutsch« – gutbürgerliche Küche serviert. Das erste Deda befand sich in der Tanggu Road 177 und wurde schnell so populär, dass es sogar die Besatzungen ausländischer Schiffe belieferte. Aber nicht nur der Lieferservice florierte, auch das Restaurant war so gut besucht, dass die Inhaber im Juli 1946 eine Zweigstelle an der East Nanjing eröffneten. Dort verkehrte alles, was Rang und Namen hatte.

Das erste Mal wurde das Geschäft schwierig, als Chen Guobao, der Besitzer und zweite Sohn Chen Anshengs, 1949 einfach weglief. Die Angestellten versuchten zu retten, was zu retten war. Aber ab 1952 lief es dann so schlecht, dass das Deda in der Tanggu Road schließen musste. Auch der Kulturrevolution geschuldet, als alles Westliche als politisch falsch galt und aus dem neuen China verbannt wurde.

Das Deda in der East Nanjing Road überlebte, auch oder gerade weil ab 1954 die Küche chinesischer wurde. Erst im Februar 1973, nachdem es zwischenzeitlich zunächst als Fabrik und dann als Hotel gedient hatte, wurde aus dem Deda wieder das, als was es einst gegründet worden war – ein westliches Restaurant, in dem unter anderem Rumpsteak und paniertes Schnitzel auf der Karte stehen. Seit 2008 befindet sich das Deda in einer traditionellen Shanghai-Villa in der West Nanjing Road.

Adresse 473 West Nanjing Road, Huangpu District | ÖPNV Metro 1, 2 und 8, West Nanjing Road, Ausgang 11 | Öffnungszeiten 11–13 und 17–20.15 Uhr | Tipp Wer lieber gebratene Dumplings, eine Spezialität Shanghais, mag, sollte das »Feng Yu« (41 Ruijin 2nd Road) probieren (täglich 6–20.30 Uhr).

19 Die Dharani-Sutras-Stele

Kulturelles Relikt auf dem Schulhof

Auf dem Schulhof der Grundschule Songjiangs findet sich eine der größten und ältesten Stelen mit Dharani-Sutras in ganz China. Die achteckige Stele (auch Tuoluoni Jingzhang genannt) stammt aus dem Jahr 859, hat eine Gesamthöhe von 9,3 Metern und besteht aus 21 Stufen. Sie ist über und über mit Inschriften, Buddha-Figuren, Lotusblättern, gewundenen Drachen, Löwen und verschiedenen anderen Mustern verziert. Auf der zehnten Ebene sind »Buddha Dharma Sutras« und Inschriften eingraviert. Fast vollständig zerstört, wurde sie 1963 aufwendig restauriert und 1988 von der chinesischen Regierung in den Status eines kulturellen Relikts erhoben.

Die Inschriften sind in chinesischen Schriftzeichen verfasst, obwohl die Originalsprache der Dharani Sanskrit ist und sie ausschließlich in Sanskrit rezitiert werden. Dharani sind kurze buddhistische Beschwörungsformeln ohne logischen Sinnzusammenhang – ähnlich einem Mantra. Sie sind ein Hilfsmittel für die Meditation und sollen den Rezitierenden zur Festigung des Geistes (Sanskrit: dharani) dienen. Es kommt daher bei den Dharani nicht auf den Text, sondern ausschließlich auf die »Beschwörung« an. Damit auch Menschen, die des Sanskrits nicht mächtig sind, die Texte rezitieren können, wurden sie mit ähnlich klingenden chinesischen Schriftzeichen phonologisch transkribiert. Eine Übersetzung würde keinen Sinn ergeben.

Dharani-Sutras sind umfangreiche Texte, die aus mehreren, sich oft wiederholenden Dharani-Beschwörungsformeln bestehen. Ihre Hochzeit hatten die Dharani-Sutras-Stelen während der Tang-Dynastie (618–907). Dass diese Stele in Songjiang steht, ist nicht verwunderlich. Songjiang ist quasi die Wiege Shanghais. Die Geschichte der Stadt reicht bis ins 6. Jahrhundert zurück. Songjiang ist somit eine der am längsten besiedelten Gegenden der Provinz. Noch immer finden sich zahlreiche Relikte aus längst vergangenen Zeiten, wie zum Beispiel der über 1.000 Jahre alte Square Tower, der Zuibaichi-Garden, der buddhistische Xilin-Tempel und die Songjiang-Moschee.

Adresse Zhongshan Elementary School, Nr. 43, Xisi Lane, Songjiang District | ÖPNV Metro 9, Zuibachi Park, Ausgang 3, auf der South Renmin Road Richtung Zhongshan Middle Road | Tipp Nur einen Kilometer entfernt steht die Songjiang-Moschee (21 Gangbeng Alley) – die älteste Ostchinas.

20 Der Ding Xiang Garden

Der Garten für die Konkubine

Damals wie heute ist die ehemalige Französische Konzession eine der besten Adressen der Stadt. In der Huashan Road wurde einst die erste Villa Shanghais im englischen Landhausstil errichtet. Der Garten im traditionellen Jiangnan-Stil ist noch heute eine Oase inmitten der Millionenmetropole.

Darüber, wer die Villen hat erbauen lassen, ist man sich einig. Nicht aber darüber, wer dort wirklich gewohnt hat. Fakt ist, Li Hongzhang, ein hoher Beamter der Qing-Dynastie (1644–1911), hat sie für seine Lieblingskonkubine Ding Xiang errichten lassen – nach ihr wurde das Anwesen benannt. Angeblich wollte er ihre Schönheit mit niemandem teilen und hat sie daher vor der Außenwelt versteckt. Für Li Hongzhang war »Ding Xiang Garden« sein privater Rückzugsort, wenn er in Shanghai verweilte. In einem der Häuser empfing er Gäste und hielt Konferenzen ab. In dem anderen war seine Bibliothek untergebracht. Viele seiner Bücher sind heute Teil der Bibliothek der Fudan-Universität. Das dritte Gebäude auf dem Areal wurde erst in den 1950er Jahren erbaut.

Nicht belegt ist, ob Li Hongzhang mit seiner Konkubine in einem eheähnlichen Verhältnis gelebt hat. Für damalige Verhältnisse war Ding Xiangs sozialer Status nicht hoch genug, um mit einem Mann wie Li Hongzhang zusammenleben zu können.

Nach Li Hongzhangs Tod 1901 ging der Garten in den Besitz seines Sohnes Li Jingmai über und fiel 1949 an die Kommunistische Partei. Seither ist die Nutzung des eigentlichen Gartens im südlichen Teil des Anwesens den Bewohnern des benachbarten Altenheims für hohe Funktionäre vorbehalten. Aber auch von außen lohnt sich der Blick auf den Garten. Er gehört zu den letzten typisch chinesischen Gärten und ist von einer Mauer umschlossen, auf der ein Drache ruht. In der Mitte befinden sich ein kleiner Teich und ein Pavillon, dessen achteckiges Dach mit Ornamenten in der Form eines Phönix dekoriert ist.

Adresse 849 Huashan Road, Xuhui District | ÖPNV Metro 10, Shanghai Library, Ausgang 1, rechts in die Hunan Road, rechts in die Wukang Road, links in die Huashan Road | Öffnungszeiten 11–23 Uhr | Tipp In unmittelbarer Nähe des Gartens befindet sich das ehemalige Wohnhaus von Qingling Song (Huaihai Road 1843). Qingling Song wird als Mutter Chinas verehrt.

21 Das Donghu Hotel

Möbel, die eine Geschichte erzählen

Im Donghu Hotel steht ein ganz seltenes Drachenmöbel-Arrangement aus Buchsbaumholz. Weltweit gibt es nur noch drei komplette Arrangements dieser Art. Die Möbelstücke erhalten feine Schnitzereien, die eine der bekanntesten Liebesgeschichten der Mongolenzeit erzählen: »Das Westzimmer«. Darüber, wer sie geschrieben hat, ist man sich nicht einig. Die meisten gehen davon aus, dass Wang Shifu, der Ende des 13. Jahrhundert in Beijing lebte, der Autor ist.

Das Drama erzählt die Geschichte der geheimen Liebesbeziehung zwischen Zhang Sheng, einem jungen Gelehrten, und Cui Yingying, Tochter eines hohen Beamten am Hof der Tang. Sie begegnen sich in einem buddhistischen Kloster. Yingying und ihre Mutter, die den Sarg von Yingyings Vater in dessen Heimatstadt begleiten, machen hier Rast. Es ist Liebe auf den ersten Blick. Da Yingyings Mutter ihre Tochter keinen Augenblick aus den Augen lässt, schreibt Sheng ein Liebesgedicht und liest es ihr, hinter einer Mauer versteckt, vor.

Als Sun, ein Gangster aus dem Ort, von Yingyings Schönheit erfährt, will auch er sie zur Gemahlin. Er schickt seine Kumpanen, das Kloster zu umzingeln. Yingyings Mutter, in Panik, verspricht demjenigen die Hand ihrer Tochter, der die Gangster vertreibt. Sheng holt seinen Freund, General Du, zu Hilfe. Nachdem die Gangster vertrieben sind, will sich Yingyings Mutter aber nicht mehr an ihr Versprechen erinnern. Sie behauptet, Yingying sei schon mit dem Sohn eines hohen Beamten verlobt.

Yingying und Sheng sind verzweifelt. Kammerzofe Hongniang hat Mitleid und organisiert ein heimliches Treffen. Als Yingyings Mutter davon erfährt, stimmt sie letztlich doch der Eheschließung zu. Allerdings nur unter der Bedingung, dass Zhang in die Hauptstadt reist und die Beamtenprüfung ablegt. Zhang besteht die Prüfung mit Bravour, wird in ein hohes Amt berufen – und die Liebenden können heiraten.

Adresse 70 Donghu Road, Xuhui District | **ÖPNV** Metro 1, Changshu Road, Ausgang 6, auf der Changshu Road rechts in die Yanqing Road, rechts in die Donghu Road | **Öffnungszeiten** immer | **Tipp** Sowohl das heutige Donghu Hotel als auch das Mansion Hotel (82 Xinle Road) gehörten dem berüchtigten Gangster Du. Letzteres diente einst als größtes Drogenlager der Welt.

22 Das Double Happiness Dessert

Ein Vogelnest zum Nachtisch

Unscheinbar, aber in prominenter Lage, auf der Huaihai Road direkt gegenüber den Normandie Apartments, befindet sich »Double Happiness Dessert«, eines der besten Dessert-Restaurants Shanghais. Wer sich einmal quer durch die traditionellen Leckereien der Stadt essen möchte, sollte unbedingt einen Abstecher in dieses Lokal machen. Das gemütliche kleine Restaurant mit seiner rudimentären Einrichtung bietet alles, auch herzhafte Speisen. Besonders empfehlenswert sind jedoch drei Desserts: Tao Jiao, Jiang chi zhuang nai und Cuangtong douhua.

Tao Jiao (桃胶): Dieses Pfirsichgelee – auch »tao hau lei«, »Tränen der Pfirsichblüte«, genannt – wird aus dem Harz des chinesischen Pfirsichbaums hergestellt und ist ein herrlich erfrischendes Dessert. Insbesondere während der extrem heißen Sommer in Shanghai ein absolutes Muss. Außerdem soll das Dessert viel Kollagen enthalten. Der Genuss eines Tao Jiao hinterlässt einen also nicht nur herrlich erfrischt, sondern darüber hinaus auch wunderbar gestrafft!

Jiang zhuang nai (姜撞奶): Ein einfaches Gericht, das wie von Geisterhand entsteht, ist das Jiang chi zhuang nai, ein Pudding aus Ingwersaft. Für seine Herstellung braucht man lediglich drei Zutaten: Ingwersaft, Milch und Zucker. Milch und Zucker werden auf circa 80 °C erwärmt und in eine Dessertschale gefüllt. Dann wird der Ingwersaft dazugegeben und die Schale abgedeckt. Nach ungefähr 20 Minuten ist die Milch gestockt und zu einem herrlich erfrischenden Pudding geworden.

Chuangtong douhua (传统豆花): Eine Offenbarung für alle, die Tofu bisher skeptisch gegenüberstanden, und nicht umsonst eines der beliebtesten chinesischen Desserts. Auch für den Tofupudding werden nur drei Zutaten benötigt – Sojamilch, Zucker und Gelatine. Serviert wird der Tofupudding meistens mit einer Ingwersauce.

Adresse 1 Yuping Road, Ecke Huaihai, Xuhui District | **ÖPNV** Metro 10, Jiaotong University, Ausgang auf die Huaihai West Road | **Öffnungszeiten** 10–22 Uhr | **Tipp** Ganz in der Nähe befindet sich das »YongFoo Élite« (200 Yongfu Road). Ehedem britische Botschaft, ist es heute ein hervorragendes Restaurant. Insbesondere der Hinterhof ist sehenswert.

23 Die Drachenflieger

Frühmorgens am Bund

Eigentlich darf man im gesamten Bereich des Bund nicht Fahrrad fahren. Frühmorgens aber macht Shanghai auf der Promenade eine Ausnahme. Bis sieben Uhr ist es erlaubt, und dementsprechend viele Fahrräder und Scooter stehen dort, ordentlich nebeneinander aufgereiht. Ihre Besitzer sind hierhergekommen, um den Tag sportlich zu begrüßen. In Shanghai gibt es kaum einen schöneren Ort dafür. Direkt gegenüber steigt die Sonne langsam zwischen den Wolkenkratzern des Finanzviertels von Pudong auf, während auf der Bund-Seite kleine Grüppchen älterer Männer gemütlich beisammenstehen, plaudern und fleißig an ihren kleinen Spulen kurbeln. Ihre Drachen tanzen fröhlich im Wind über den Gebäuden aus der Zeit, als Shanghai als das Paris des Ostens galt.

Drachenfliegen hat in China eine sehr lange Tradition. Schon im 5. Jahrhundert vor Christus sollen Drachen den Himmel Chinas bevölkert haben. Chinesischen und japanischen Berichten zufolge ließen die Kriegsherren ihre furchteinflößenden Drachen, das Stabgerüst damals noch aus Bambus und der Korpus aus Seide, insbesondere nachts über feindliches Gebiet fliegen. Die an böse Geister erinnernden Flugdrachen sollten den Feind ängstigen und einschüchtern. Vor mehr als 2.000 Jahren entwickelte der Tischler Mu Zi im heutigen Shandong den ersten, damals noch hölzernen Schwanz-Ohren-Drachen. Dieser konnte einen Mann in schwindelerregende Höhen tragen und wurde als Aufklärungsdrachen – quasi die Drohne der Antike – genutzt, aber auch, um Entfernungen zu messen.

Zwischen all den Drachenfliegern Jogger, die auf ihrer Laufstrecke am Wasser geschickt allen anderen ausweichen: den diversen Gruppen, die sich mal mehr, mal weniger synchron zu chinesischer Musik bewegen; denen, die gemeinsam Tai Chi machen; dem Boxer, der gegen seinen imaginären Gegner antritt; und all den rückwärts laufenden Menschen – ein chinesischer Volkssport.

Adresse Zhongshan East Road, Huangpu District | ÖPNV Metro 2 oder 10, West Nanjing Road, Ausgang 3, die Nanjing Road runter bis an den Bund | Öffnungszeiten am besten ab 6 bis circa 7.30 Uhr | Tipp Wer selbst sportlich aktiv werden möchte, sollte sich ein Fahrrad mieten und den »Huangpu Riverside Bike Trail« radeln.

24 Die Dubail Apartments

Wie kam der Stern an den Giebel?

»Proletarier aller Länder, vereinigt euch!« Der kommunistische Wahlspruch steckt auch in dem fünfzackigen Stern, der die Arbeiterschaft symbolisiert, die sich auf allen fünf Kontinenten zu einer Einheit zusammenschließen soll. Am Giebel der »Dubail Apartments« befindet sich einer der wenigen verbliebenen Sterne aus der Zeit Maos. Darüber, wie er dort hinkam, lässt sich trefflich spekulieren.

Eine Vermutung ist, dass die amerikanische Korrespondentin und überzeugte Kommunistin Agnes Smedley den Stern über dem Eingang anbrachte. Ob sie aber wirklich in den Dubail Apartments gewohnt hat, ist unklar. Glaubt man CIA-Unterlagen aus der Zeit, hat sie zwar in der damaligen Avenue Dubail gewohnt, nicht aber in den Dubail Apartments. Was für die Aussage des CIA spricht, ist, dass die Dubail Apartments erst 1931 bezugsfertig waren und Smedley bereits im Mai 1929 nach Shanghai kam. Gleich bei ihrer Ankunft soll sie in die Französische Konzession gegangen sein, um Gertrude Binder aufzusuchen. Mit ihr hat sie dann einige Zeit in der Avenue Dubail 85 oder den Dubail Apartments gewohnt.

Schon 1916 war Smedley in die Sozialistische Partei eingetreten. Grund genug sowohl für die Briten als auch die Kuomintang, ein Auge auf sie zu werfen. Nicht ohne Grund. Bald schon freundete sich Smedley mit Song Qingling an und gründete mit ihr und weiteren Prominenten die »Vereinigung für Bürgerrechte«. Durch sie sollte die Welt von der nicht vorhandenen Freiheit der Bürger unter Chiang Kai-shek erfahren. Es waren ebenfalls Vertreter dieser Vereinigung, darunter Agnes Smedley, die am 13. Mai 1933 den deutschen Generalkonsul konsultierten, um ihm ein Protestschreiben gegen die antisemitische Politik der Naziregierung zu überreichen. Denn während man in den Nachbarländern Deutschlands Hitler noch immer nicht ganz ernst nahm, waren Chinas Intellektuelle längst alarmiert.

Adresse 185 South Chongqing Road, Huangpu District | ÖPNV Metro 10, Xintiandi, Ausgang 5, Fuxing Road Richtung South Chongqing Road | Öffnungszeiten nur von außen zu besichtigen | Tipp Im »Propaganda Poster Art Centre« (726 West Yan'an Road, East Building, 7/F) findet man die größte Sammlung von Propaganda-Postern aus der Zeit Maos.

25 Die Ecoland Club Farm

Deutsche Schrebergartenkultur in China

Etwas außerhalb der chinesischen Millionenmetropole, im Fengxian District, findet sich ein kleines urdeutsches Juwel: die 2010 von Dr. Pan Tao gegründete Ecoland Club Farm (ECF). Es handelt sich um Chinas erste Schrebergartenkolonie. Am Wochenenden strömen Familien mit ihren Kindern hierher, um gemeinsam im Garten zu werkeln, ihr eigenes Gemüse anzubauen, mehr über die Natur und das Thema Nachhaltigkeit zu lernen, oder einfach, um mal draußen im Grünen zu sein.

Der Gründer, Dr. Pan Tao, hat unter anderem Umweltmanagement in Cottbus studiert und während seiner Zeit im deutschen Osten nicht nur den Doktortitel erworben, sondern sich auch von der deutschen Schrebergartenkultur inspirieren lassen. Seine Vision: am Stadtrand von Shanghai eine Mischung aus Ökofarm und Umweltbildungszentrum errichten.

Zehn Jahre später hat der Ecoland Club mehr als 200 Mitgliedsfamilien und ist zu einer eingeschworenen Community aus Naturliebhabern geworden. Das Land für den 8,5 Hektar großen Bio-Bauernhof hat Dr. Pan Tao von der örtlichen Behörde gepachtet. Schrebergarten-Einheiten so weit das Auge reicht. Einige mit Gartenlaube, andere ohne. Insgesamt sind es 400 Parzellen. Viele sind fest in der Hand einzelner Familien, die sie dauerhaft nutzen. Die Nachfrage ist groß, die Warteliste lang.

Wer im Ecoland einen Schrebergarten besitzt, kann ihn entweder selbst bestellen oder einen Gärtnerservice buchen. Gegen eine Gebühr kann man sogar das selbst angebaute Gemüse bis an die Haustür geliefert bekommen. Es gibt aber auch Parzellen, die stundenweise für Feiern, zum gemeinsamen Grillen oder einfach nur zum Verweilen und Spielen in der freien Natur gebucht werden können. Besonders während der wärmeren Jahreszeit nutzen viele dieses Angebot. Dann tummeln sich hier jedes Wochenende Familien, um die frische Landluft einzuatmen, im Matsch zu spielen oder gemeinsam zu grillen.

Adresse 999 DaTing Road, Fengxian District | **ÖPNV** von der Shanghai Southern Railway Station mit dem Jinshan-Zug nach Tingling und weiter mit dem Taxi | **Öffnungszeiten** 9–18 Uhr (Nicht-Mitglieder müssen einen Termin vereinbaren: Tel. +(0)86/18801644698). | **Tipp** Eine andere Möglichkeit, dem Großstadtdschungel zu entkommen, ist ein Ausflug auf die Inseln Hengsha oder Chongming. Auf beiden Inseln kann man Fahrräder mieten.

26 Das Embankment Building

Verhütung auf Staatskosten

Mit seinen 194 Wohnungen auf fünf Etagen war das 1932 fertiggestellte Embankment House seinerzeit das größte Appartementgebäude Asiens und eine der besten Adressen Shanghais. Seither hat es eine bewegte Geschichte erlebt. Als Ende der 1930er Jahre knapp 20.000 Juden aus Europa nach Shanghai flüchteten, war das Embankment House für viele der erste Anlaufpunkt. Victor Sassoon, selbst Jude, dessen Familie aus Bagdad stammte, hatte in der zweiten Etage ein Auffanglager eingerichtet. Alle Neuankömmlinge wurden registriert und mit dem Nötigsten versorgt. Wer noch keine Unterkunft hatte, wurde so lange beherbergt, bis sich eine Bleibe fand. Nach dem Zweiten Weltkrieg wurden die ausländischen Mitarbeiter der »Nothilfe- und Wiederaufbauverwaltung der Vereinten Nationen« (UNRRA) untergebracht, die für die Umsiedlung der geflohenen Juden zuständig waren.

1949 ging das Embankment House in den Besitz der chinesischen Regierung über, und aus den 30 Appartements pro Etage wurden 96. In den 1970er Jahren wurden drei Etagen aufgestockt, sodass 2004 mehr als 2.000 Menschen hier wohnten. Das Embankment House eröffnet einen weiteren Einblick in die Geschichte Chinas: Zwischen 1979 und 2015 reagierte China mit der Ein-Kind-Politik auf das explosionsartige Bevölkerungswachstum. Verhütung wurde staatlich verordnet und unterstützt. Auf den Briefkästen im Eingang lagen daher immer Gratis-Kondome. Heute erinnert daran nur noch ein Kondomautomat. Die meisten Paare haben nach wie vor nur ein Kind. Denn Shanghai ist teuer, und die Ausbildung eines Kindes kostet ein Vermögen.

Darüber, wie der Grundriss des Gebäudes zu interpretieren ist, streiten sich die Geister. Die einen behaupten, es sei eine »5«. Andere, es habe die Form eines »S« und stehe für Victor Sassoons Nachnamen (siehe Ort 10).

Adresse 360–370 North Suzhou Road, Hongkou District | ÖPNV Metro 10, Tiantong Road Station, Ausgang 3, auf die Henan Road, links in die North Suzhou Road | Öffnungszeiten immer | Tipp Auf der gegenüberliegenden Seite des Suzhou befindet sich das »Shanghai Sihang Warehouse Battle Memorial« (21 Guangfu Road). Die Einschusslöcher stammen von der Eroberung Shanghais durch die Japaner.

27 Der Embellishment Market

Kaufhaus des Nähens

Die Chinesen sind bekanntlich die Weltmeister des Kopierens. Man weiß nie, was echt und was gefälscht ist. Frei nach dem Motto: »Faken ist die höchste Form der Anerkennung.« Wenn auch Sie sich mal im Faken probieren wollen, sind Sie in diesem Kaufhaus genau richtig. Denn hier können Sie alles kaufen, um aus einem No-Name-Produkt Designerware zu machen.

Das Kaufhaus in unmittelbarer Nähe von Yugarden betritt man durch schwere Plastikvorhänge. Dahinter ein Eldorado für alle Näh- und Bastelbegeisterte. Über mehrere Stockwerke reiht sich Stand an Stand, und sie alle quellen über vor Ware. Es ist bunt. Es ist laut. Es ist überwältigend. Hier gibt es nichts, was es nicht gibt.

Ein Stand verkauft nur Nähgarn. Es gibt alle Farben in allen Schattierungen. Garn für jeden Maschinentyp und jeden Verwendungszweck. Ein anderer verkauft Knöpfe und Verschlüsse jeglicher Art – in allen Größen, allen Farben, allen Materialien, allen Formen. Ihnen fehlt an einem Kleidungsstück ein Knopf? Hier finden Sie ihn! Wieder ein anderer Stand ist auf Reißverschlüsse spezialisiert. Lange, kurze, schmale, breite, aus Metall, aus Plastik, in allen Farben. Am Stand daneben gibt es Pompons und Quasten. Selbstverständlich in jeder Farbe und Größe. Weiter geht es zu einem Stand für Karnevalsartikel – mit Federn, Federboas und unechtem Schmuck. Er wirkt etwas deplatziert. Aber irgendwie auch wieder nicht. Gegenüber ein Stand mit Perlen. Auch hier: jede Farbe, jede Form, jedes Material vorhanden.

Mittendrin ein Stand mit Einkaufstüten. Von Chanel, Christian Dior, Louis Vuitton, Boss. Jede Marke ist vorhanden, und ist sie nicht vorhanden, kann sie direkt vor Ort angefertigt werden. Gegenüber ein Stand mit Banderolen mit eingestickten oder aufgedruckten Logos von Superdry, Adidas, Atmosphere, Supreme … alle großen Marken der Welt sind vertreten und werden fleißig gekauft.

Adresse 388 Renmin Road, Huangpu District | ÖPNV Metro 10, Yuyuan Garden, Ausgang 1 | Öffnungszeiten 9–18 Uhr | Tipp In der Villa neben dem Nonnenkloster Ci Xiu (15 Zhenling Jie) aus dem Jahr 1870 saß einst die »Liyuan Society«, die in erster Linie Opernsänger finanziell unterstützte.

28 Das Fairmont Peace Hotel

Wilde Party mit Esel

Victor Sassoon, der das Gesicht Shanghais geprägt hat, ist auch für das legendäre Peace Hotel verantwortlich. Als er das Hotel 1929 im Art-déco-Stil errichten ließ, sollte es das schönste und modernste ganz Asiens werden – und wurde sein Meisterwerk. Noch heute ist es eines der besten Hotels am Platz.

Bis zur Machtergreifung der Kommunisten war das damalige Cathay Hotel der Inbegriff von Dekadenz und das Sinnbild für den wirtschaftlichen Erfolg der Stadt. Hier traf sich alles, was Rang und Namen hatte. Politiker, Schauspieler und Schriftsteller, darunter Größen wie Charlie Chaplin, Ernest Hemingway und Noël Coward. Letzterer hat in einem Hotelzimmer den Roman »Private Lives« geschrieben, während er sich von der Grippe erholte. Victor Sassoon selbst hatte in der obersten Etage seine Privaträume. Von dort hatte er einen 360-Grad-Blick über die gesamte Stadt. Man erzählt sich, dass der Playboy, der Frauen mit der gleichen Leidenschaft sammelte wie Pferde, den Ausblick eher selten allein genossen hat. Denn im Ballsaal fanden Sassoons legendäre, ebenso luxuriöse wie wilde Partys statt. Oftmals unter einem sehr ausgefallenen Motto – wie 1933, als er seinen Gästen hinsichtlich der Verkleidung das Motto »Sinkendes Schiff« vorgab. Der Preis für die beste Verkleidung des Abends ging an ein Ehepaar, das nur mit einem Duschvorhang bekleidet erschien. Sie hätten gerade gemeinsam geduscht, als der Alarm losging, und sich daher nicht mehr anziehen können, so ihre Erklärung.

Als Sassoon 1935 zum Motto »Zirkus« einlud, schmuggelte ein Möchtegern-Don-Quijote einen Esel in den Lastenaufzug. Victor Sassoon, mit Zylinder, purpurnem Mantel und Gerte als Zirkusdirektor verkleidet, war entsetzt und forderte ihn auf, das Tier umgehend nach draußen zu bringen. Daraufhin hob der Esel den Schwanz und entleerte sich, zum Entsetzen aller, mitten auf der Tanzfläche.

Adresse 20 Nanjing East Road, Huangpu District | **ÖPNV** Metro 2 oder 10, West Nanjing Road, Ausgang 3 | **Öffnungszeiten** immer | **Tipp** Im »3 on the Bund« befindet sich das Restaurant »M on the Bund«. Bekannt für seinen Brunch auf der Dachterrasse mit Blick über den Bund.

29 Die Feiyue-Turnschuhe

Erst Original, dann Fake

Wer in Shanghai etwas auf sich hält, trägt Turnschuhe der Marke Feiyue. Sie sind *das* Must-have für alle Normalsterblichen, aber auch für Kung-Fu-Meister, Shaolin-Priester und selbst Olympioniken. Aber Feiyue ist nicht gleich Feiyue!

Schuhe der Marke Feiyue, was so viel heißt wie »Sprung«, wurden erstmals in den 1920er Jahren in Shanghai produziert. Insbesondere bei Kampfsportlern waren sie sehr beliebt, denn sie waren robust, flexibel und bequem. Einen wahren Boom erlebte die Marke von den 1960er bis in die 1980er Jahre. Damals hatte so gut wie jeder ein Paar Feiyue-Schuhe im Schrank stehen. Nach der Öffnung Chinas wurde es still um den Turnschuh. Die jungen Menschen waren nun mehr an westlichen Markenschuhen interessiert. Feiyue geriet in Vergessenheit. 2014 kam jedoch der erneute Durchbruch. Feiyue kooperierte mit der französischen Luxusmarke Céline und wurde schlagartig international bekannt. Aber: Der Feiyue-Schuh, der es zu so viel Ruhm geschafft hatte, war nicht der aus China, sondern jener eines französischen Unternehmens.

Hatten die Franzosen einen Fake-Schuh auf den Markt gebracht? Nein, wenn man dem französische Unternehmer Patrice Bastian glaubt, der mitteilte, 2005 die Markenrechte an Feiyue erworben zu haben. Ja, wenn man den Managern des chinesischen Markeninhabers Dafu Rubber Company glaubt. Ihnen zufolge hat Bastian die Markenrechte nicht von ihnen, sondern von einem Hersteller der Schuhe erworben.

Die Chinesen geben zu, dass sie von dem internationalen Durchbruch profitieren. Ein Durchbruch, der ihnen vielerorts aber wenig bringt. Denn würde das chinesische Original seine Feiyue-Schuhe auf dem französischen und anderen Märkten, wo es die Markenrechte nicht hält, verkaufen, dann würden sie als Fake gelten. Noch koexistieren die beiden Marken – eine in China und eine nahezu im Rest der Welt – und sehen sich zum Verwechseln ähnlich.

Adresse 245 Madang Road, 1/F, Huangpu District | ÖPNV Metro 10 oder 13, Xintiandi, Ausgang 1 | Öffnungszeiten 10–22 Uhr | Tipp Wer wissen möchte, was die Stunde geschlagen hat, kann in der Xi Jiang Zhong Road Nr. 312 eine originale Shanghai-Watch kaufen.

30 Fengjing

Die Wandmalereien des »Globepainters«

Fengjing ist ein herrlich verträumtes kleines Wasserstädtchen. Zu Beginn der Qing-Dynastie (1644–1911) war die Stadt berühmt für die Herstellung von Kleidung, später wurde hier Kleie produziert. Heute ist sie für Kunst berühmt. Überall an den Wänden finden sich Wandmalereien, Cartoons von Ding Cong und Gemälde von Cheng Shifa – beides Künstler aus dem nahegelegenen Malerdorf Jinshan. Dazwischen Wandmalereien des französischen »Globepainters« Julien »Seth« Malland.

Seth war 2014 nach Shanghai gekommen, um mit dem chinesischen Künstler Shi Zheng an »Die schlafenden chinesischen Schönheiten«, einem Gemälde inspiriert von einem klassischen Gedicht aus der Tang-Dynastie (618–907), zu arbeiten. Wirklich Aufsehen erregt hat er aber mit seinen »illegalen« Malereien weiblicher Figuren auf den zum Abriss freigegebenen Wänden eines Lilongs an der Kangding Road. Kurze Zeit später folgte der offizielle Auftrag der Shanghai United Foundation, in Fengjing die Wände zu schmücken. In Zusammenarbeit mit lokalen Künstlern und »Künstlerbauern« wie Cao Xiuwen entstanden auf Mauern und Toren, an Häusern und Kanalschleusen seine meist kindlichen Figuren, die die Menschen, ihre Traditionen und die lokalen Begebenheiten spiegeln.

Was dieses Städtchen über die Kunst hinaus so attraktiv macht, ist ihr ursprünglicher Charme. Man hat den Eindruck, als würden die Leute hier ihrem ganz normalen Leben nachgehen. Wie dem auch sei, auch in den Hauptstraßen von Fengjing reiht sich ein Laden an den nächsten. Aber es sind nicht in erster Linie Shops für Touristen. Vielmehr findet man zahlreiche Läden, in denen es Alltagsgegenstände zu kaufen gibt. Kämme und diverse Rücken- und-sonstige-Stellen-am-Körper-Kratzer. Haushaltswaren aus Rattan, Pfannenschrubber aus Naturmaterialien, Fächer, Körbe und noch vieles mehr.

Wer hungrig ist, sollte die Spezialität Fengjings ausprobieren: Froschschenkel.

Adresse Altstadt Fengjing, Jinshan District | ÖPNV Metro 1, Jinjiang Park, ab der West Meilong Bus Station mit der Fengmei-Linie weiter nach Fengjing; ab Xinan Bus Station fährt ein Bus direkt nach Fengjing | Tipp Ganz in der Nähe liegt das malerische Jinshan, ein Bauernmalereidorf (täglich 9–17.30 Uhr).

31 Das Found 158

Feiern im Loch

Wer es so richtig krachen lassen will, geht ins »Found 158«. Nachdem 2016 die Bars in der Yongkang Road von der Stadtregierung geschlossen worden waren, haben einige von ihnen hier wiedereröffnet. Sie waren nicht bereit, sich unterkriegen zu lassen. Sie waren aber sehr wohl bereit, sich nach unten kriegen zu lassen. Früher als »Datong Mill« bekannt und ein Ort von eher zweifelhaftem Ruf, wurde das neue Found 158 schnell zum Hotspot für feiernde Expats, und noch heute wimmelt es hier nur so von in Shanghai lebenden Ausländern. Der richtige Ort, um zu sehen und gesehen zu werden. Ideal, um die Nächte durchzufeiern. Es findet sich hier aber auch das eine oder andere gute Restaurant.

Allerdings ist das Found 158 nicht so einfach zu finden. Nur wenige Hinweisschilder weisen den Weg. Ins Auge springt lediglich eine mit bunten Graffiti besprühte Mauer mitten in dem kleineren Park. Dahinter, eine Etage tiefer, das Found 158. Das Einzige, was darauf hindeuten könnte, dass es hier unzählige Nachteulen geben muss, sind die kleinen Restaurants gegenüber dem Eingang. Sie bieten rund um die Uhr frisches Essen an und sind stets gut besucht.

Dass hier allabendlich Tausende von Menschen aus aller Welt feiern, stört niemanden. Denn obwohl ohrenbetäubender Lärm herrscht, hört man von der Straße und auch in den anliegenden Häusern nichts. Eine Etage tiefer vibriert die Luft. Je nachdem, welchen Abgang man wählt, landet man direkt neben einem Technoschuppen, vor dem sich die Shanghaier Jugend die Füße plattsteht, oder mitten im Geschehen. Wählt man eine der drei spiralförmigen Betontreppen nach unten, landet man mitten auf der Flaniermeile. Dort wo sich zu Datong-Mill-Zeiten ein Wasserbecken mit einer Miniaturausgabe des Eiffelturms befand, spazieren heute die Besucher auf der Suche nach den angesagtesten Bars und Clubs oder dem besten Restaurant auf und ab.

Adresse 158 Julu Road, Huangpu District | ÖPNV Metro 13, Middle Huaihai Road, Ausgang 3, auf der Ruijin 1st Road links in die Julu Road | Öffnungszeiten ab 10 Uhr bis in die Puppen | Tipp Um gestärkt die Nacht durchtanzen zu können, sollten Sie sich in der »Nepali Kitchen« (819 Julu Road) stärken. Das Essen ist super, die Inneneinrichtung sensationell.

32 Das Franck Bistrot

Was ist dran am Mehlskandal?

Das Restaurant »Franck Bistrot« mit seiner französischen Küche liegt mitten in einer der wohl begehrtesten Lagen – der Ferguson Lane. Egal, an welchem Tag und zu welcher Uhrzeit man hier vorbeikommt – es ist immer was los. Der Grund: Die Lane geht direkt von der Wukang Road ab – der Selfie-Meile Shanghais. Während der Woche werden professionelle Shootings mit Models und den obligatorischen Hochzeitspaaren gemacht, an den Wochenenden reihen sich die Verliebten, Freundinnen und Freunde ein. Die Cafés und Restaurants werden von allen gern zum Ausruhen, aber auch zum Umziehen genutzt.

Der Franzose Franck Pecol, ehemaliger Besitzer und Namensgeber des Restaurants, hatte sich mit seiner Bäckereikette »Farine«, einigen Restaurants und dem angeblich besten Eis Shanghais ein kleines Imperium erschaffen. Das Eis wurde, damals wie heute, durch ein Fenster in der Mauer verkauft. Davor immer lange Schlangen. Wer etwas auf sich hielt, kaufte seiner Angebeteten nicht irgendwo, sondern hier ein Eis.

2017 dann der Skandal, der die französische Gemeinschaft und alle, die eine Leidenschaft für gutes Baguette und leckere Croissants haben, in Aufregung versetzte. Ein Whistleblower hatte den Behörden gesteckt, dass in Pecols Bäckerei abgelaufenes Mehl verwendet würde. Er besaß ein Video, auf dem 2.300 Säcke Mehl zu sehen waren, allesamt schon mehr als vier Monate abgelaufen. Grund genug für eine Durchsuchung. Vier Angestellte Pecols wurden festgenommen und die Bäckereien geschlossen. Franck Pecol war kurz vor der Durchsuchung nach Frankreich geflohen, was auch das Ende für das »Franck Bistrot« bedeutete.

Pecol ist nie wieder nach Shanghai zurückgekehrt. Sehr wohl aber das Restaurant. Im Mai 2017 wurde es neu eröffnet. Man munkelt, dass ein ehemaliger Mitarbeiter Pecols das Restaurant leitet. Man munkelt aber auch, dass Pecol Neider hatte und alles fingiert war.

Adresse 376 Wukang Road, Xuhui District | **ÖPNV** Metro 10, Shanghai Library, Ausgang 1, in die Henan Road, links in die Wukang Road | **Öffnungszeiten** Di–Fr 18–24 Uhr, Sa, So 11.30–24 Uhr | **Tipp** Ebenfalls in der Ferguson Lane befindet sich »Pudao Wines«, wo man drinnen wie draußen auf der Dachterrasse gemütlich ein Gläschen Wein trinken kann.

33 Die Französische Konzession

Der französische Phönix-Baum

Als die Franzosen die Französische Konzession gründeten, wollten sie, dass ihr Teil Shanghais den Pariser Arrondissements in nichts nachsteht. Von Bäumen gesäumte Straßen durften da nicht fehlen. Noch heute schützt ihr dichtes Blätterdach die Spaziergänger während der heißen Monate vor der sengenden Sonne. Unter ihm wird es noch einmal früher dunkel. Erst, wenn der Herbst kommt und die Blätter gehen, wird es in den Straßen der ehemaligen Französischen Konzession wieder heller und man kann sehen, dass sich hinter all dem Grün zum Teil riesige Hochhäuser verbergen.

Bei den Einheimischen als »Fàguó Wútóng« – was so viel wie »französischer Phönix-Baum« bedeutet – bekannt, sind diese Platanen weder französisch noch Phönix-Bäume. Vielmehr heißen sie Gewöhnliche, Ahornblättrige oder auch Bastard-Platane. Diese Platanen entstanden im 17. Jahrhundert aus der Kreuzung Amerikanischer mit Orientalischen Platanen und sind nicht nur besonders robust gegenüber Frost, sondern können auch hohe Temperaturen gut ab. Außerdem sind sie unempfindlich gegenüber Smog und ziemlich resistent gegen den Befall von Schädlingen. Ein weiterer Vorteil: Diese Platanenart gehört zu den Flachwurzlern, wächst und gedeiht also auch gut auf stark verdichteten Böden.

Ihr einziger Nachteil sind die ausladenden Äste, die leicht abbrechen. Sie müssen daher regelmäßig gestutzt werden. Aber nicht irgendwie. Während der Wintermonate erhalten die Platanen eine Schneitelung – auch Kopfbaumschnitt genannt. Die Bäume verlieren dabei den Großteil ihrer Blätter und werden nicht nur in Form gehalten, sondern ihre Äste auch dazu gebracht, in die gewünschte Richtung zu wachsen – zur Straße hin. Sie neigen sich zu den Bäumen auf der anderen Straßenseite. Das Ergebnis sind die »Tunnel« aus Blättern, die der ehemaligen Französischen Konzession ihren Charakter verleihen.

Adresse Wulumuqi Road, Xuhui District | **ÖPNV** Metro 1, Hengshan Road | **Tipp** Die von Bäumen gesäumten Straßen von oben sehen? Kann man am besten in der »Kartel Roof Top Bar« (5/F, 1 Xiangyang North Road).

34 Der Fuxing Middle Road Market

Wet Markets – besser als ihr Ruf

Spätestens seit Corona haben Wet Markets einen schlechten Ruf. Der Begriff steht schon fast synonym für Covid-19. Das wird den Wet Markets Chinas aber nicht gerecht. Denn Wet Market ist nicht gleich Wet Market. Mal handelt es sich um einen kleinen Laden, mal um eine ausgebreitete Plane, mal um eine riesige Halle mit unzähligen Ständen.

Der Begriff »Wet Market« wird auf die Böden dieser Märkte zurückgeführt, denn sie sind oftmals feucht. Zum einen, weil die Verkäufer ihre Ware waschen, zum anderen, weil sie am Ende des Tages mit dem Schlauch abgespritzt werden. Aber auch auf die »nasse« Ware, die hier verkauft wird – Obst, Gemüse, Fleisch, Fisch und Geflügel. Federvieh durchaus auch lebend. Märkte, auf denen wilde Tiere verkauft werden, sind äußerst selten.

Einer der besten Wet Markets befindet sich mitten in der Middle Fuxing Road. Von außen sieht das Gebäude wie ein Bürogebäude aus. Aber drinnen befindet sich ein riesiger Markt. Einige Stände bieten ausschließlich Obst und Gemüse an. Alles ordentlich sortiert und ansprechend drapiert. Stände, die unterschiedliche Nudelarten anbieten. Reisnudeln, Weizennudeln, dicke Nudeln, dünne Nudeln, runde Nudeln für Dumplings, quadratische Nudeln für Frühlingsrollen. Oftmals kann man sehen, wie der Teig vor Ort zubereitet wird. Es gibt Stände mit vielen unterschiedlichen Tofu-Arten. Und nicht zu vergessen: die Fleischstände. Die Besonderheit: Es wird nicht nur das Fleisch verkauft, sondern alles vom Tier. Selbstverständlich gibt es immer auch einen Eierstand. Denn keine chinesische Mahlzeit kommt ohne Eier aus. Spätestens auf einem Wet Market wird einem das bewusst.

Je nach Größe des Marktes findet man auch Stände mit Kräutern und Gewürzen, mit Tee oder mit Saucen aller Art. Auf den ganz großen Wet Markets gibt es sogar eingelegtes Gemüse – Knoblauch, Pilze, Rettich, Gurken, Bambus. Unbedingt probieren!

Adresse 1239 Fuxing Middle Road, Xuhui District | ÖPNV Metro 1,10 oder 12, South Shaanxi Road, Ausgang 1, auf der South Shaanxi in Richtung Fuxing Middle Road | Öffnungszeiten 9–19 Uhr | Tipp Für Feinschmecker: Ein Gourmet-Bauernmarkt findet jeden dritten Sonntag im Monat (außer Juli und August) im Shanghai-Centre statt (Shanghai Centre, Suite 710, 1376 West Nanjing Road).

35 Das Fuyou Commercial Building

Typisch chinesisches Kaufhaus

Chinesische Kaufhäuser sind anders. Der Markt in der Fuyou Road ist das perfekte Beispiel für solch ein echtes chinesisches Kaufhaus. Auf mehrere Etagen verteilt, drängt sich ein Stand an den anderen. Auf den ersten Blick scheint ein einziges Chaos zu herrschen. Kleine Kinder rennen durch die Gänge und spielen Fangen. Überall blinkt und blitzt es. Es ist laut. Insbesondere kurz vor dem chinesischen Neujahr. In Shanghai darf seit einigen Jahren kein Feuerwerk mehr gezündet werden. Seither behilft man sich mit elektrischen Feuerwerken, die ebenfalls einen Höllenlärm machen. Trotz des Lärms: in den Verkaufsständen schlafende Ladenbesitzer. An manchen Ständen muss man sich durch einen Vorhang an Ware kämpfen. Die Tische drohen unter dem Angebot zusammenzubrechen. Es macht den Eindruck, als verkauften alle das Gleiche und alle alles.

Das Chaos aber hat System. Die verschiedenen Ebenen sind nach Themen sortiert. Im Erdgeschoss Dekoratives und Souvenirs. Eine Etage höher alles rund um die Hochzeit. Die vorherrschende Farbe auf den ersten beiden Etagen ist Rot. Rote Laternen in allen Größen, diverse rote Glückszeichen, rote Glücksknoten in allen erdenklichen Größen. Goldenes Glückszeichen auf rotem Glücksknoten. Dem aufmerksamen Betrachter wird auffallen, dass das Zeichen für »Glück und Reichtum« auf den Glücksknoten angebracht ist. Das ist Absicht. Die Chinesen glauben, dass das Glück nur so den Weg in die Wohnung oder das Haus findet. Dazwischen Spielzeug, das meiste aus Plastik, und noch mehr Deko-Artikel und Souvenirs.

Auf den anderen Etagen Kosmetika, Kleidung, Schuhe, aber auch Reinigungsmittel. Besonders sehenswert auch die oberste Etage und das Erdgeschoss, zu dem auch zwei Untergeschosse gehören. Ganz oben preisen die Verkäufer Antiquitäten und Kitsch an. Im Keller Steine, Steingut, Jadeschmuck und noch mehr Antiquitäten.

Adresse 225 Fuyou Road, Huangpu District | **ÖPNV** Metro 10, Yuyuan Garden, Ausgang 2 | **Öffnungszeiten** 9–18 Uhr | **Tipp** Die Alte Katholische Kirche (137 Wutong Road), auch als Jingyi-Kirche bekannt, stammt aus dem Jahr 1553, ist Chinas älteste Kirche und war ursprünglich der Hauptraum der privaten Residenz von Pan Yunduan, einem hohen Beamten aus Sichuan und Besitzer des Yuyuan Garden.

36 German Town

Die Sammlung deutscher Kuriositäten

Vergnügungspark, Einkaufsparadies, Wohnkomplex und die Nachbildung einer deutschen Stadt inklusive der wohl schrägsten Sammlerstücke aus Deutschland – all das findet man in Imporium City.

Es ist, als würde man eine Parallelwelt betreten. Gerade noch in China, ist man nur wenige Schritte später mitten in einer deutschen Kleinstadt. Ganze Straßenzüge mit Kopfstein gepflastert. Rechts und links Fachwerkhäuser, verziert mit den Wappen diverser deutscher Städte. Straßenlaternen aus den guten alten Zeiten. In der Mitte ein Marktplatz mit Brunnen und der Nachbildung einer Kirche. Drumherum mehrere Restaurants, Bars und Kneipen mit so ausgefallenen Namen wie »Leckerer Sonnenschein«. Dazwischen Überreste der deutsch-deutschen Mauer.

Das Herzstück von German Town ist – je nach Interessenlage – entweder das Bierzelt oder das komplett eingerichtete Wohnhaus. Mit seinen über 4.000 Sammlerstücken begibt man sich auf eine Zeitreise zurück in die Anfänge des 19. Jahrhunderts in Deutschland. Das Wohnzimmer original mit offenem Kamin, altem Ledersofa mit passenden Stühlen, barocken Schrankwänden und Truhen. An den unverputzten Wänden Ölgemälde und antike eiserne Wandteller. Im Esszimmer findet sich auf einem kleinen Tischchen eine aus Holz geschnitzte Kaminuhr. In der Küche neben zahlreichen längst vergessenen Haushaltsutensilien eine alte Haushaltswaage, ein Milchkanne und diverse Bierhumpen. Alles stilecht.

Ein weiteres Highlight ist das deutsche Heimatmuseum mit seinen ebenso bizarren wie außergewöhnlichen Exponaten. Hier findet man neben Zeitschriften und Büchern aus der Nazizeit über 200 antike Musikinstrumente. Darunter der ein oder andere Schatz: ein zwischen 1880 und 1900 produzierter Musikautomat, auf dem ganze Symphonien abgespielt werden können. Oder die Orgel der belgischen Marke DECAP aus dem Jahr 1958, von der es weltweit nur noch zwei gibt.

Adresse Kreuzung Xingxin Road und Kechuang Avenue, Phinghu | ÖPNV Bahnhof Hongqiao, mit dem Zug nach Jiashan South und weiter mit dem Taxi | Öffnungszeiten 8.30–17 Uhr | Tipp Im angrenzenden Supermarkt gibt es eine riesige Auswahl importierter Güter aus der ganzen Welt.

37 Der Grand View Garden

Wandeln in chinesischer Literatur

Dass ein berühmter Garten als Kulisse für einen Roman dient, kennt man. Dass aber ein Roman als Grundlage für einen Garten herhält, ist doch eher ungewöhnlich. Der am Dianshan-See gelegene »Grand View Garden« ist jedoch so einer. Er ist dem prächtigen Daguanyuan-Garten der kaiserlichen Jia-Familie aus einem der berühmtesten Romane der Qing-Dynastie (1644–1911), »Der Traum der roten Kammer« von Cao Xueqin, nachempfunden.

Den Garten betritt man durch ein großes Tor, auf dessen Steintafeln die Charaktere und Handlungen detailliert dargestellt sind. Äußerst komplex, denn Xueqins Roman weist insgesamt 350 Charaktere auf. Mit ihnen zeichnete er einen detaillierten Bericht der Gesellschaft und sozialen Strukturen im China des 18. Jahrhunderts. Im Mittelpunkt stehen die Geschichte vom Aufstieg und Fall des Jia-Clans und die Beziehungen zwischen Jia Baoyu, seinem Cousin und seiner zukünftigen Frau.

Hinter dem Tor die Schauplätze. Manche versteckt, wie zum Beispiel der Palast »Ti Ren Mu De«, der sich am Ende eines zwischen zwei Felsen versteckten verschlungenen Weges befindet. Dort soll sich Jia Yuanchun umgekleidet und ausgeruht haben. Manche exklusiv, wie der »Da Guan Lou« (Turm der phantastischen Aussicht), wo sich im Roman alle Familienangehörigen versammelten, um Yuanchun zu begrüßen. Andere luxuriös, wie der »Yi Hong Yuan« (Hof des fröhlichen Rot) im südwestlichen Teil des Gartens. In diesen prachtvollen Gebäuden soll der Protagonist Jia Baoyu gelebt haben. Wie luxuriös, zeigen die Möbel aus Mahagoni. Die Wände seines Studierzimmers vollgehängt mit Baoyus Gedichten und Malereien. Oder die »Xiao Xiang Guan« (Bambus Lodge), der Wohnsitz von Lin Daiyu, im Südosten des Gartens. Und dazwischen all die anderen Orte, an denen die literarischen Protagonisten gelebt haben, spazieren gegangen sind, Musik gemacht, Gedichte geschrieben und Gäste empfangen haben.

Adresse 701 Qingshang Road, Qingpu District | ÖPNV Metro 1, Huangpi Nanlu Station, Ausgang 1, mit dem Hushang Express Bus bis Jinshanggonglu Daguanyuan (Grand View Garden) Station. | Öffnungszeiten 8–17 Uhr | Tipp Ganz in der Nähe befindet sich das Dorf Jinze – bekannt für seine vielen kleinen steinernen Brücken aus der Song- und Yuan-Dynastie.

38 Das Grillenmuseum

Des Chinesen liebstes Hobby

Unter den wachsamen Augen der Richter stacheln die Züchter ihre Kampfgrillen an. Sie reizen die Insekten so lange mit feinen Pinseln oder dem Schnurrhaar einer Katze an den Fühlern, bis sie ihre Zähne fletschen und mordlustig über ihre Gegner herfallen. Es ist im wahrsten Sinne des Wortes ein Kampf auf Leben und Tod.

Seit Jahrhunderten ist die Grille das beliebteste Haustier der Chinesen. Trotz ihrer Lebensdauer von maximal hundert Tagen stehen sie für Langlebigkeit und Glück. Einer der ältesten Belege für das Halten und Züchten von Kampfgrillen, der »Ququ«, ist eine Anleitung zur Auswahl von Kampfgrillen, die 1260 von Jia Sidao (1213–1275), einem kaiserlichen Minister der südlichen Song-Dynastie (960–1279), verfasst wurde. Noch bis Mitte des 20. Jahrhunderts wurden überall Grillenkämpfe veranstaltet und dabei eifrig Wetten abgeschlossen. Seit das Glücksspiel offiziell verboten ist, sieht man solche Kämpfe allerdings nur noch selten. Im Grillenmuseum finden Kämpfe vom 1. bis 7. Mai und 1. bis 7. Oktober sowie während des Grillen-Festivals statt.

Der Grillenkampf ist eine ernste Sache. Es gibt, wie bei Boxern, Gewichtsklassen. Damit es fair zugeht, werden die Grillen auf feinen Waagen gewogen und dann ihren Gegnern zugeteilt. Es dürfen nur gleich schwere Tiere gegeneinander antreten, denn ein Leichtgewicht würde vor einem Schwergewicht sofort Reißaus nehmen und es käme erst gar nicht zum Kampf.

Neben den Kampfgrillen gibt es aber auch Singgrillen, die Guoguo. Wer durch Shanghai läuft und sich über Grillengesang wundert, sollte sich nach einem kleinen Käfig aus Bambus, Kürbis, Holz oder Metall oder einer runden Plastikkugel umschauen. Denn auch heute noch halten die Menschen in China Singgrillen. Wie schon während der Tang-Dynastie (618–907), als die Damen des Palastes die »singenden Grillen« in Käfigen hielten, um sich an ihrem Gesang zu erfreuen.

Adresse 37 Fuqiang Street, Minhang District | **ÖPNV** Metro 9, Qibao, Ausgang 2, Richtung Süden zur »Old Town« | **Öffnungszeiten** 9–18 Uhr | **Tipp** Bis 2020 gab es in Shanghai den Insektenmarkt, der aber leider geschlossen wurde. Jetzt kaufen die Shanghaier ihre Grillen auf dem »Shanghai Lanling Flowers and Birds Market« (1539 Lingshi Road).

39 Das Grosvenor House

Chinas erste transsexuelle Primaballerina

Das 1935 von Victor Sassoon errichtete Grosvenor House hat viele Geschichten zu erzählen. Vor der Machtübernahme der Kommunistischen Partei haben in ihm zahlreiche Berühmtheiten gewohnt. Nach der Öffnung Chinas wurde es Teil des Jinjiang-Hotels und beherbergte zahlreiche berühmte Besucher. Darunter Politiker aus aller Welt, wie Margaret Thatcher, François Mitterrand, Ronald Reagan und Helmut Kohl. Aber auch heute ist die Adresse bei der Prominenz aus Shanghai und ganz China beliebt.

Eine der bekanntesten Bewohnerinnen ist Jin Xing, eine international anerkannte und mit mehreren Preisen ausgezeichnete Tänzerin. Sie ist die Gründerin und Direktorin des »Shanghai Jin Xing Tanztheaters«, des ersten unabhängigen Tanzensembles Chinas. Gleichzeitig ist sie eine gefeierte Schauspielerin, Moderatorin mehrerer Fernsehshows und Jurymitglied bei diversen Talentshows. Sie war aber auch die erste prominente Persönlichkeit Chinas, die sich, ohne ein Geheimnis daraus zu machen, einer Geschlechtsangleichung unterzogen hat.

Geboren 1967, wurde Jin Xing im Alter von neun Jahren in das Tanzbataillon der Volksarmee aufgenommen. Er lernte tanzen und erhielt zugleich eine militärische Grundausbildung. Zahlreiche Auszeichnungen später zog es ihn 1988 nach New York, wo er in modernem Tanz ausgebildet wurde. Weit weg von der Armee und ihrem strikten Regime, setzte er sich, wie er sagte, erstmals mit seinem Geschlecht auseinander. Schon als Kind soll er sich bei jedem Gewitter nach draußen gestellt haben, immer in der Hoffnung, von einem Blitz getroffen zu werden, der ihn in eine Frau verwandeln würde.

1994, Jin Xing war bereits ein international gefeierter Star, entschloss er sich, nach China zurückzukehren und sich operieren zu lassen. Heute ist Jin Mutter dreier adoptierter Kinder und lebt mit ihrem deutschen Ehemann Heinz-Gerd Oidtmann im Grosvenor House.

Adresse 59 North Maoming Road, Jing'an District | ÖPNV Metro 12, West Nanjing Road Station, Ausgang 3 | Öffnungszeiten nur von außen zu besichtigen | Tipp Wer eine Ballerina in Aktion sehen möchte, kann dies im »Shanghai International Dance Center« (1650 Hongqiao Road).

40 Das Grüne Haus

Grün, grün, grün ist alles, was ich hab' …

László Hudec, der ungarisch-slowakische Art-déco-Architekt, von dem man Gebäude in fast jeder Straße in den ehemaligen Gebieten der internationalen Niederlassungen findet, soll zu seinem Auftraggeber D. V. Woo (auch Wu Tongwen) gesagt haben: »Dieses Haus wird auch noch in den nächsten 50 bis 100 Jahren nicht aus der Mode kommen.« Ein Versprechen, das er definitiv gehalten hat. Noch heute sieht das 1949 erbaute bogenförmige Haus mit seinen grünen Fliesen auf den Mauern und Wänden modern aus.

D. V. Woo war der König der Pigmente im Shanghai der 1940er Jahre und sein Unternehmen das einzige, das grüne Pigmente herstellen konnte. Grün war daher Woos Glücksfarbe. Er beauftrage Hudec damit, nicht nur das das einzigartigste, modernste und eleganteste Haus Shanghais zu bauen. Inklusive Fahrstuhl, Klimaanlage, Fußbodenheizung und Heizungskeller. Sein Haus sollte darüber hinaus ganz seiner Glücksfarbe gewidmet werden.

Das Ergebnis überzeugte D. V. Woo. Er war so verliebt in das »Grüne Haus«, dass er es nicht mehr verlassen wollte. Auch dann nicht, als 1949, mit der Machtergreifung der Kommunisten, schon viele seiner Verwandten Shanghai verlassen hatten. Für ihn stand fest: wenn schon sterben, dann im »Grünen Haus«. 1966, zu Beginn der Kulturrevolution, als die Rotgardisten anfingen, Intellektuelle und Kapitalisten zu verfolgen, anzuklagen und umzubringen, beging Woo zusammen mit seiner Konkubine Selbstmord. Sie hatten 28 Jahre lang im »Grünen Haus« gelebt.

Nach Woos Tod wurde das Gebäude zunächst die Zentrale der Zeitung der Roten Garden, der Hauptsitz von Shanghais »Wen Gong Wu Wei« und der Shanghai Tricycle Union. 1979 zog das Shanghaier Institut für Städteplanung und Design ein, und von 1988 bis 2008 waren im »Grünen Haus« ein Restaurant sowie eine Bar untergebracht. 2011 wurde es komplett renoviert – und erstrahlt seither in frischem Grün.

Adresse 333 Tongren Road, Jing'an District | ÖPNV Metro 7, Jing'an Temple Station, Ausgang 4, Richtung Changde Road auf die Nanjing West Road, links in die Tongren Road | Öffnungszeiten nur von außen zu besichtigen | Tipp Einen Einblick in das Shanghai der 1920er, 1930er Jahre erhält man im »Shanghai Municipal Museum« im Erdgeschoss des Oriental Pearl Towers in Pudong (1 Century Avenue).

41 Der Guilin-Park

Gassi gehen mit Vogel

Am frühen Morgen sind die Wege im Guilin-Park voll mit älteren Männern, die ihre Vögel spazieren führen. Die meisten haben ein klares Ziel. Dort, wo man vor lauter Gezwitscher sein eigenes Wort nicht mehr versteht, treffen sie sich, um ihre Lieblinge miteinander oder gegeneinander singen zu lassen. Die Bäume hängen voller Käfige mit mehr oder weniger exotischen Vögeln – darunter Blaukehlchen, Kernbeißer, Seidenschwänze, Kreuzschnäbel und – besonders beliebt – Haubenmainas. Ihre kunstvollen Käfige sind ausgestattet mit kleinen Fress- und Wassernäpfchen, Sitzstangen und allerlei Kästchen und Schächtelchen. Wie der chinesische Garten einen Vorgeschmack auf das Paradies geben soll, soll das Leben im und um den Käfig herum den Kosmos im Kleinen darstellen.

Vögel als Haustiere zu halten hat in China eine lange Tradition, deren Höhepunkt während der Qing-Dynastie (1644–1911) erreicht war, als sich vom Kaiser bis zum einfachsten Untertan fast alle Vögel hielten. Sie liebten es, den Vögeln beim Trällern zuzuhören, hatten aber auch ihren Spaß daran, ihnen neue Laute oder gar ganze Strophen beizubringen. Mit etwas Glück trifft man auch heute noch auf den einen oder anderen, der seinen Vogel hier vor Ort trainiert.

Jedes Jahr im Mai ist der Guilin-Park der Austragungsort für Shanghais größten Vogelgesangswettbewerb. Dann verwandelt sich der Park in einen riesigen Vogelmarkt. Liebhaber und Händler aus den angrenzenden Provinzen treffen sich, um Vögel und Zubehör zu verkaufen, oder aber etwas abseits, um ihre Vögel gegeneinander antreten zu lassen.

Den ganzen Tag über wetteifern je fünf Vögel einer Gattung um den Sieg. Die Vögel werden dafür in Form einer Pflaumenblüte aufgestellt – jeder Vogel auf einem imaginären Blütenblatt. Dann geht's los. In jeder der fünf Runden bewerten die Wettbewerbsrichter die Lautstärke, die Tonvarianten und die Länge des Gesangs.

Adresse 138 Guilin Road, Xuhui District | **ÖPNV** Metro 12, Guilin Park | **Öffnungszeiten** 6–18 Uhr | **Tipp** Auf dem »Hongqiao Bird and Flower Market« (718 Hongjing Road) kann man Vögel kaufen. Der Abstecher lohnt auch, um durch so manchen Krimskramsladen zu bummeln.

42 Der Haidilao Hot Pot

Wo die Nudeln tief fliegen

Hot Pot, auch chinesisches Fondue genannt, gehört in China zu den beliebtesten Gerichten. Jede Region Chinas hat ihren eigenen Hot Pot. Je weiter man in den Norden geht, desto schärfer wird er. Regionen in Meeresnähe bieten mehr Fisch und Meeresfrüchte. Im Nordosten Chinas isst man den Hot Pot mit Sauerkraut, und in Suzhou und Hangzhou wird er mit Chrysanthemen zubereitet. Die zwei bekanntesten sind der recht scharfe Sichuan Hot Pot und der Beijing Hot Pot mit Hammelfleisch.

Das beste Hot-Pot-Restaurant Shanghais ist das »Haidilao«, von dem es gleich mehrere gibt, verteilt auf das gesamte Stadtgebiet. Das Haidilao bietet Sichuan Hot Pot und ist sowohl für seine Küche als auch für seinen außergewöhnlichen Service bekannt. Während man auf seinen Tisch wartet, kann man sich die Fingernägel schön machen lassen. Gratis! Während des Essens wird man durch Sichuan-Oper unterhalten. Und ständig ist man darum bemüht, dass der Gast ausreichend Essen und Trinken auf dem Tisch hat.

Das Highlight in diesem Hot-Pot-Restaurant sind aber die fliegenden Nudeln. Videos davon haben es in die sozialen Medien geschafft und sind viral gegangen. Wer diese Nudeln bestellt, bekommt sie direkt vor Ort in die richtige Form gewirbelt. Dazu kommt ein junger Mann mit kurzen, flachen Nudeln an den Tisch und wirbelt sie so lange in der Luft – gern auch mal direkt vor dem Gesicht der Gäste – hin und her, bis sie sehr lang, noch immer flach, aber dünner und schmaler sind.

Alle Hot Pots gehen auf eine über tausendjährige Geschichte zurück und wurden früher vorwiegend im Winter gegessen. Heute kann man sie zu jeder Jahreszeit überall finden, und in Shanghai gibt es selbstverständlich Hot-Pot-Restaurants aus allen Regionen. Gemeinsam sitzt man um einen großen Topf herum, der entweder nur eine oder bis zu vier verschiedene Suppen enthält, und unterhält sich – oder wird unterhalten.

Adresse 2068 Huashan Road, Bai Lian Xuhui Commercial Plaza South, 5. Etage, Xuhui District | ÖPNV Metro 1, 9 oder 11, Xujiahui Station, Ausgang 16 | Öffnungszeiten 10–4 Uhr (unbedingt reservieren!) | Tipp Sie wollen lieber selbst chinesisch kochen? Wie wäre es mit einem Kochkurs im »Chinese Cooking Workshop« (370 Wulumuqi Road, www.chinesecookingworkshop.cn).

43_Der Heiratsmarkt

Partnersuche analog

In China und insbesondere in Shanghai ist alles digital. Nein, fast alles! Auf dem People's Square gibt es einen Heiratsmarkt. Ganz analog suchen die Eltern für ihren noch unverheirateten Nachwuchs einen Partner.

Eltern haben in aller Regel nur ein einziges Kind, das sie zu Großeltern machen kann. Ist der Sohn mit 33 oder die Tochter mit 28 noch immer nicht in festen Händen, werden die meisten Eltern daher leicht nervös. Insbesondere dann, wenn sie eine Tochter haben. Gut ausgebildete Frauen haben nämlich eher schlechte Karten auf dem Heiratsmarkt. Je erfolgreicher, desto weniger erfolgversprechend ist die Partnersuche. Außerdem haben sie in aller Regel wenig Zeit, einen Partner zu suchen. Deswegen nehmen viele Eltern die Partnersuche für ihre Kinder in die Hand.

Jedes Wochenende treffen sich die Eltern auf dem Heiratsmarkt im People's Park. Hier sitzen sie mit ihren fein säuberlich geschriebenen »Anzeigen«, die sie wahlweise an Einkaufstrolleys befestigen oder auf den Boden legen. Auf diese Art und Weise preisen sie ihren Nachwuchs an. Wie auf Online-Plattformen finden sich auch hier alle Informationen, die man für die Partnerwahl braucht: Alter, Größe, Gewicht, Geschlecht und Familienstand. Darüber hinaus finden sich aber auch Informationen über die besuchte Universität, Job, Einkommen, Vermögen, Automarke und Wohnbezirk. Bei Männern besonders wichtig: Ist eine Eigentumswohnung vorhanden? Hat er eine, ist das schon mal ein großes Plus. Für die Töchter wird auch schon mal gern ein Ausländer als Partner gesucht. Damit die Sprachbarriere niemanden abschreckt, werden zusätzlich die Fremdsprachenkenntnisse aufgeführt. Last but not least: die persönlichen Eigenschaften der Angepriesen.

War die Suche erfolgreich, treten die Eltern mit den potenziellen Schwiegereltern in Kontakt, tauschen die Telefonnummern aus und machen das erste Date klar.

Adresse People's Square (Nähe Restaurant Barbarossa), Huangpu District | ÖPNV Metro 1, 2, oder 8, People's Square, Ausgang 11 | Öffnungszeiten am Wochenende 12–17 Uhr | Tipp Direkt gegenüber dem People's Square steht das Park Hotel. Errichtet 1934, war es László Hudec' Meisterwerk und bis in die 1980er Jahre das höchste Gebäude der Stadt.

44 Die Höhle ohne Wände

Wo sich unsere Welt mit Kcymaerxthaere überschneidet

Wo sich heute das Waterhouse South Bund Hotel befindet, traf vor Urzeiten Kcymaerxthaere auf unsere Welt. Nur wenige wissen von der Existenz dieses Paralleluniversums. Kcymaerxthaere setzt sich zusammen aus »Kcymaara«, was so viel wie »die wahre Physik des Planeten« bedeutet, und »xthaere«, ein Gebilde mit fast unendlich vielen verschiedenen Dimensionen und Seiten. Um ganz genau zu sein: unendlich minus 29. Es ist eine Welt mit anderen Geschichten, anderen Kreaturen, anderen Menschen und anderen Gesetzen.

Es wird auch nur den Insidern bekannt sein, dass hier, an diesem Ort, Geschichte geschrieben wurde. Dass er sowohl bedeutend für unsere Welt als auch für Kcymaerxthaere ist. Denn hier befand sich die oberirdische Höhle ohne Wände. Keine Steine, kein Lehm. Nichts, das die Höhle schützend umschlang. Nur der reine Wille derer, die sich hier aufhielten, konnte die Luft innerhalb der Höhle halten. Hier ruhte Mlates gi Dunhuira sich auf ihrer Reise zu Nobunaga-Ventreven und den Tumblern (was so viel heißt wie Herden) – der schelmischen Lebensform der so genannten Tlapak, die sich manchmal vor abferylischen Stürmen versteckten (abferyl – Winde, die hauptsächlich in dem Jemvela, bekannt als Ferylemt, vorkommen) – aus. Was diesen Ort aber noch viel bedeutender macht: Er ist der Geburtsort von Jerely Binnh, also eben jenes Mannes, der alles wachsen lassen konnte.

Die Geschichte um das Paralleluniversum Kcymaerxthaere wurde von dem Geografen Eames Demetrios erschaffen und ist eine weltumfassende, multidimensionale Erzählung. Wenn man Demetrios glauben darf, hat das Paralleluniversum zahlreiche Überschneidungen mit unserer Welt.

In über 30 Ländern der Erde konnte Demetrios bereits über 140 Plaketten anbringen. Jede Plakette ist eine »Seite« seines weltumspannenden Romans. Am 9. Mai 2015 hat Demetrios die Plakette am Wasserturm am südlichen Bund angebracht.

Adresse 1–3 Maojiayuan Road, Huangpu District | ÖPNV Metro 9, Xiaonanmen, Ausgang 1, auf der Zhonghua Road rechts in die Zixia Road, links in die South Zhongshan Road | Tipp Noch mehr wie in einer Höhle kommt man sich in der berühmten Bar Rouge am Bund vor (7/F, 18 Zhongshan Dong Yi Road, Mo–Sa, 18–sehr spät/früh).

45 Der Hong-Miao-Tempel

Der Tempel, der kein Tempel ist

In einer kleinen Nebenstraße der Nanxiang Road versteckt sich der Hong-Miao-Tempel. Obwohl er schon lange kein Tempel mehr ist, kommen noch immer viele Gläubige, um mit Rauchopfern Guanyin, die Göttin des Mitgefühls, zu ehren.

Schon beim Betreten der Gasse kann man das einfache rote Schild mit seinen zwei leuchtend gelben Schriftzeichen – 虹庙 – erkennen: Hong Miao – Regenbogentempel. Direkt vor dem ehemaligen Tempel steht ein kleiner Tisch mit Opfergaben. Dargebracht einem kleinen, vom Wetter ausgeblichenen, von Stromkabeln eingerahmten Bild weit oben an der Wand.

Der Hong-Miao-Tempel stammt aus der Zeit von Kaiser Wanli (1563–1620) und war ursprünglich ein Schrein für die Vorfahren der Familie Qu. Ziemlich bald wurde daraus ein buddhistischer Tempel, der im 18. Jahrhundert an einen taoistischen Priester übergeben wurde. Obwohl nun andere Gottheiten Einzug hielten, blieb der Altar für Guanyin. Während der 1920er und 1930er Jahre gehörte der Hong Miao zu den zwei wichtigsten Tempeln der Stadt und war insbesondere bei den Kurtisanen beliebt, lag er doch ganz in der Nähe des Rotlichtviertels. Aber auch der Hong-Miao-Tempel fiel der Kulturrevolution zum Opfer und wurde in ein Medikamentenlager umfunktioniert. Die Gläubigen hielt dies aber nicht davon ab, dennoch zu kommen und zu beten.

Als der Bau eines Tunnels den Tempel in den 1980er Jahren endgültig zu zerstören drohte, haben sich der Legende nach drei Pythons den Bauarbeitern in den Weg gestellt. Man sagt, die »kleinen Drachen« hätten die Arbeiter vertrieben und dem Tempel ihre Kraft gegeben. 2007 wurde aus dem Medikamentenlager das »Shanghai Hong Miao Art Film Center«. Aber auch das war nicht von Dauer. Heute, ein halbes Jahrhundert nach seiner Zerstörung, ist der Tempel zwar noch immer nicht wieder Tempel, aber eine taoistische Bibliothek. Für die Gläubigen bleibt er ein heiliger Ort.

Adresse 48 Shitan Long, Huangpu District | **ÖPNV** Metro 2, 12, oder 13, West Nanjing Road | **Öffnungszeiten** nur von außen zu besichtigen | **Tipp** Die Nanjing West Road ist die bekannteste Einkaufsstraße Shanghais. Mit all ihren Luxuskaufhäusern lockt sie täglich Tausende und an Wochenenden Millionen von Menschen an.

46 Die Huzhu-Pagode

Schiefer als der Schiefe Turm von Pisa

Erbaut wurde die achteckige, 18,8 Meter hohe Huzhu-Pagode mit ihren sieben Stockwerken, um buddhistische Relikte aufzubewahren. Xu Wenquan, ein hoher General aus Hengshan, hatte sie vom Kaiser der Song-Dynastie (960–1279) als Belohnung für seine Dienste erhalten. Aber bereits kurz nach ihrer Errichtung im Jahr 1079 fing sie an, sich in südöstliche Richtung zu neigen. Der Untergrund, auf dem das Gebäude errichtet wurde, ist auf der südöstlichen Seite der Pagode nämlich weicher als auf der nordwestlichen.

Es gibt aber einen weiteren Grund für die Schieflage. Einer Überlieferung zufolge wurden 1788, im 53. Jahr der Regentschaft Kaiser Qianlongs, im nahegelegenen buddhistischen Yuanzhi-Tempel den Göttern zu Ehren Opfer gebracht und ein Feuerwerk entzündet. Funkenflug setzte nicht nur die Spitze, sondern auch die für die Stabilität wichtigen Holzkonstruktionen im Innenbereich der Pagode in Flammen. Als die Anwohner bei den Aufräumarbeiten am Fuße des Gebäudes zwischen den Steinen einen Schatz fanden, geriet die Pagode so richtig in Schieflage. Das Goldgräberfieber war ausgebrochen. In der Hoffnung, weitere Schätze zu finden, wurden immer mehr Steine entfernt und die Pagode in der Folge immer schiefer.

Seit über 200 Jahren rechnen die Anwohner von Tianma Hill im Songjiang District von Shanghai fast täglich damit, dass die Huzhu-Pagode endgültig umfällt. 1980 wurde sie baulich überarbeitet, um sie vor Erdbeben zu schützen. Bis 2015 hatte sie bereits eine Abweichung von 2,28 Metern und eine Neigung von mittlerweile 7,1 Grad erreicht. Im Vergleich dazu steht der Schiefe Turm von Pisa mit einer Neigung von 3,97 Grad fast noch aufrecht. Die Huzhu-Pagode gehört zu den schiefsten Gebäuden rund um den Globus und steht trotz allem noch immer. Allerdings ist man weiterhin besorgt um ihre Standfestigkeit und will sie daher noch besser stabilisieren.

Adresse Tianma Shan, Tianzhai Road Ecke Tianji Road, Songjiang District | **ÖPNV** Metro 9, Sheshan Station, weiter mit dem Taxi | **Öffnungszeiten** 8.30 – 16.30 Uhr | **Tipp** Im »Museum der Chinesischen Beamtenprüfung« im Konfuzius-Tempel in Jiading (183 Jiading South Street) dreht sich alles um die Geschichte der Auswahl von kaiserlichen Regierungsbeamten. Ein Muss!

47 Die Inferno Bar

Shanghais einzige Heavy-Metal-Bar

Heavy Metal ist nicht die erste Musikrichtung, die einem in Zusammenhang mit China in den Sinn kommt. Mit ihrem Bling-Bling, ihrer glamourösen Haute-Couture-Kleidung und von Kopf bis Fuß gestylt, ist die junge Generation Shanghais weit entfernt von allem, was man mit Heavy Metal verbindet: zerrissene Jeans, furchterregende Tattoos und Piercings, schrill gefärbte lange Mähnen. Aber es gibt sie, die Heavy-Metal-Szene. Auch oder gerade in Shanghai. Viele der großen Heavy-Metal-Bands aus aller Welt spielen in den Clubs in und um die Metropole herum und lassen die Wände beben.

Zur After-Show-Party trifft man sich im Inferno. Alle sind sie schon in Chinas einziger Heavy-Metal-Bar gewesen: Dream Theater und Megadeth aus den USA, Insomnium aus Finnland, Amon aus der Schweiz und unzählige mehr. Viele haben auf dem riesigen Spiegel, der am Ende der Bar an der Wand hängt, ihre Autogramme hinterlassen.

Live-Auftritte gibt es im Inferno nicht. Dazu ist die Bar zu klein – in den zwei Räumen finden gerade mal circa 30 Leute Platz. Die Heavy-Metal-Szene in Shanghai ist überschaubar. Man kennt sich. Und bildet eine eingeschworene, treue Gemeinschaft. Viele der Besucher sind Stammkunden und haben jeden Umzug mitgemacht. Man trifft sich auf ein, zwei oder auch mehr Bier und hört Musik. Die Besucher können sich Songs wünschen – natürlich ausschließlich Heavy Metal … versteht sich.

Auch von Anfang an dabei: Cassandra Chen. Als ihr damaliger Lebensgefährte, der Däne Martin Aamodt, 2011 das Inferno gründete, kündigte sie ihren Job als Immobilienverwalterin und stieg in Vollzeit ein. Cassandra war schon seit ihrem ersten Jahr an der Universität eingefleischter Heavy-Metal-Fan. Ein logischer Schritt also. Längst gehört ihr die Bar, die mittlerweile in der dritten Location angekommen ist. Immer dabei: der Spiegel, der alle Umzüge unbeschadet überstanden hat.

Adresse 462 Changle Road, United Valley, F1, M101, Xuhui District | ÖPNV Metro 1 oder 7, Changshu Road, Ausgang 6 | Öffnungszeiten Fr, Sa 19–offen, Di–Do und So 19–2 Uhr | Tipp Die älteste Musikbox findet sich in der »Shanghai Gallery of Antique Music Boxes« (425 Dingxiang Road).

48 Das International Design Center

Tadao Andōs Toilette

Seit 2010 kürt das Beratungsunternehmen RCC China Ltd. jährlich das hässlichste Gebäude Chinas. Die Jury: renommierte Vertreter der wichtigsten und einflussreichsten Architekturakademien und Immobilienunternehmen Chinas sowie Architektur- und Design-Professoren und -kritiker. 2018 erhielt das »Shanghai International Design Center« den Zuschlag.

Als Begründung führte die Jury an: »Bedenkt man die zentrale Position, die Tadao Andō in der Geschichte der Architektur einnimmt, können selbst mittelmäßige Arbeiten großen Schaden verursachen.« Tadao Andō gilt als einer der wichtigsten Wegbereiter für die Ästhetik der östlichen Architektur. Sein Stil zeichnet sich durch konsequenten Minimalismus, sowohl in der Form als auch im verwendeten Material, aus. Einfache geometrische Formen in Kombination mit feinstem Sichtbeton, dessen Schaltafeln die Größe von Tatami-Matten haben und mit ihren Rödellöchern unverwechselbar für sein Design stehen. Ein Stil, für den er bereits zahlreiche Preise erhalten hat. Darunter auch den begehrten Pritzker-Preis, den vielleicht angesehensten Architekturpreis überhaupt.

Und dann das: ein großflächiges Gebäude aus Glas und Metall, das auf den ersten Blick aussieht wie eine riesige Toilette!

Da hilft es auch nicht, dass Zhou Rong, Professor an der School of Architecture der Tsinghua University und Mitglied der Jury, die Auszeichnung etwas relativierte: »Genau genommen sind die zehn hässlichsten Gebäude nicht unbedingt die hässlichsten. Sie weisen aber die hässlichsten Merkmale und Einflüsse auf. Sie sind eine Gefahr für die Öffentlichkeit, da sie das natürliche Umfeld und die städtische Kultur sowie die in den Gebäuden verkörperten Werte zerstören.« Dass Tadao auch anders kann, zeigen übrigens das Aurora-Museum in Pudong und das Poly-Grand-Theater in Jiading.

Adresse 100 Guokang Road, Yangpu District | **ÖPNV** Metro 10, Tongji University Station, Ausgang 5, Siping Road Richtung Inner Ring Road, links in die Guokang Road | **Öffnungszeiten** nur von außen zu besichtigen | **Tipp** Auch die weltberühmte Architektin Zaha Hadid hat Gebäude für Shanghai entworfen, darunter das Sky Soho in der Linkong Economic Park Hongqiao Business Zone.

49 Jiangwan

Die vergessene Art-déco-Stadt in Shanghai

1928 … das Kaiserreich war niedergeschlagen, die Nationalisten an der Macht, die Republik China verkündet und Shanghai eine international bekannte Metropole. Bekannt in erster Linie allerdings wegen der internationalen Niederlassungen. Sie machten Shanghai modern und fortschrittlich. Wenn man Shanghai besuchte, waren sie das bevorzugte Ziel.

Im starken Kontrast dazu stand der vergleichsweise unterentwickelte chinesische Teil der Stadt. Eine Schande, wie Chiang Kai-shek, der damalige Präsident der Republik, meinte. Sein »Großer Plan für Shanghai« sollte das ändern. Auf einem Gebiet von etwas mehr als vier Quadratkilometern sollte im Jiangwan District ein neues Stadtzentrum im traditionellen chinesischen Stil entstehen. Der Grundriss wurde in Form eines Kreuzes geplant, denn Chiang Kai-shek war 1930 zum Christentum konvertiert. Das neue Zentrum sollte die chinesische Antwort auf die modernen internationalen Niederlassungen werden. Es wurde Shanghais erste Geisterstadt – und steht noch immer.

Der von der Stadtregierung beauftragte Architekt Dong Dayou hatte sowohl in den USA als auch in China studiert und entwarf mit seinem amerikanischen Kollegen, dem Stadtplaner Asa Emory Philips, die Gebäude im »East-meets-West-Art-déco-Stil«. Von den geplanten neun Gebäuden rund um den 20 Hektar großen Marktplatz waren bis 1937, als die Japaner in Shanghai einfielen und den Bau zum Erliegen brachten, nur wenige vollendet. Die Arbeiten an der Stadthalle wurden komplett eingestellt und nie wieder aufgenommen. Weder die Schwimmhalle noch das Gericht, noch die Verwaltungsgebäude wurden noch in Angriff genommen. Selbst die Kommunistische Partei war nicht am Weiterbau interessiert, und der gesamte Plan geriet in Vergessenheit.

Was geblieben ist, sind zahlreiche Gebäude in unterschiedlichen Bauphasen. Alle im äußerst seltenen Stil des chinesischen Art déco.

Adresse Hengren Road/Nenjiang Road/Zhengfu Road, Yangpu District | ÖPNV Metro 10, Jiangwan Stadium, Ausgang 1. Zhengtong Road links in dic Guohe Road, am Jiangwan Sport Stadium vorbei, rechts in die Zhengfu Road, links in die Hengren Road. Das Stadtzentrum befindet sich auf der linken Seite. | Tipp Wer sich für Art déco interessiert, sollte auf jeden Fall einen Ausflug in das ursprüngliche Shanghai rund um Laoximen machen. Hier finden sich zahlreiche Art-déco-Elemente an den Häusern.

50 Der Jing'an-Park

Wo Geister ihr Unwesen treiben

Direkt gegenüber dem Jing'an Tempel, einem buddhistischen Tempel inmitten zahlreicher Shopping-Tempel, liegt der Jing'an-Park. Tagsüber wimmelt es nur so von Menschen. Die einen lassen sich im Restaurant am Teich kulinarisch verwöhnen, während andere miteinander tanzen, Tai Chi praktizieren oder einfach nur auf einer der zahlreichen Bänke im Schatten verweilen. Sobald es aber dunkel wird, übernehmen die Geister den Park. Unter ihnen nette – und etwas weniger nette. Erstere sind die Baumgeister. Sie sagen angeblich die Lottozahlen vorher. Die etwas weniger netten sind die Wassergeister. Sie versuchen immer wieder, Besucher in den Teich zu ziehen. Sie sind die Geister der Toten, deren Gräber sich noch immer hier befinden.

Nachdem der Hafen Shanghais 1843 für ausländische Schiffe geöffnet worden war, kamen immer mehr Ausländer in die Stadt. Wie das Leben so spielt, starb der eine oder die andere von ihnen fern der Heimat. Im Laufe der Zeit wurden daher insgesamt elf Ausländerfriedhöfe eingerichtet, die aber während der Kulturrevolution von Rotgardisten allesamt fast komplett zerstört wurden.

Der »Bubbling Well Road«-Friedhof war 1896 errichtet worden. Wer etwas auf sich hielt, wollte hier begraben werden. Er soll mehr als 6.000 Gräber beherbergt haben. Nachdem er zerstört worden war, wollte die Stadtregierung auf seinem Grund Wohnhäuser errichten. Viele gehen zu Recht davon aus, dass sich auf dem Gelände noch Gräber befinden. Chinesen sind sehr abergläubisch. Niemand wollte auf einem ehemaligen Friedhof wohnen. Also wurde hier 1954 der Jing'an Park angelegt. Nur noch ein Relikt aus vergangenen Zeiten erinnert an den ehemaligen Friedhof. Ein großer Pavillon aus Marmor. Wo früher die Menschen ihrer Angehörigen gedachten, spielen heute die älteren Männer Go. Auf dem Sockel des Marmortisches findet sich ein eingravierter Name. Zu wem er gehört? Keiner weiß es.

Adresse 1686 West Nanjing Road, Jing'an District | ÖPNV Metro 7, Jing'an Temple | Öffnungszeiten Winter 5–18 Uhr, Sommer 5–22 Uhr | Tipp Ein weiterer schöner Park ganz in der Nähe ist der »Jing'an Sculpture Park« (128 Shimen 2nd Road, 6–20.30 Uhr).

51 Der Jing'an-Tempel

Das Tor zur Hölle

Der Eingang zur Hölle oder einfach nur ein Brunnen? Der Jing'an-Tempel ist der älteste buddhistische Tempel Shanghais und geht auf das Jahr 247 zurück – auf die »Zeit der drei Reiche«. 1216, während der Song-Dynastie (960–1279), wurde der Tempel an seinen heutigen Standort verlagert. Zwischen dem Haupteingang und der Haupthalle befand sich jetzt der alte »Yongguan«-Brunnen. Das Wasser im Brunnen blubberte und sprudelte nur so vor sich hin. Die Menschen waren der festen Überzeugung, der Jing'an-Tempel sei auf einen »Toten Brunnen« (der Hölle) gebaut worden.

Als das Gebiet um den Jing'an-Tempel britisch wurde, musste der Haupteingang einer Straße weichen und wurde zehn Meter nach hinten verlegt. Der Brunnen befand sich jetzt außerhalb des Tempels und wurde zur Attraktion. Allerdings nur bis zur Kulturrevolution, als alles Religiöse verpönt war und der Brunnen zugeschüttet wurde.

Über viele Jahrzehnte war es still um den Brunnen. Dann aber wurde die Linie 2 der Metro gebaut. Als Bauarbeiter an der Stelle des alten Brunnens gruben, kam ihnen ein Schwall Wasser entgegen, der nicht gestoppt werden konnte. Man erzählt auch, dass auf der Einfassung des alten Brunnens religiöse Texte in Runenschrift gefunden wurden. Die herbeigerufenen Experten waren sich einig, dass es sich bei dem unterirdischen Brunnen um eine »gelbe Quelle« handele – und somit um den Eingang zur Hölle. Die Quelle könne nur von einem Kloster im Zaum gehalten werden, das die Dämonen vertreibe. Der Plan, den Jing'an-Tempel in das Stadtzentrum Shanghais zu verlegen, wurde daraufhin verworfen. Auch die Pläne für die Linie 2 wurden geändert – sie fährt jetzt um den alten Brunnen herum.

Die Säule mit den vier Löwenköpfen vor dem Tempel hat übrigens nichts mit der Quelle zu tun. Sie soll aber in einem Umfeld, in dem es vor allem um Konsum geht, die Menschen zumindest etwas einschüchtern.

Adresse 1686 West Nanjing Road, Jing'an District | **ÖPNV** Metro 7, Jing'an Temple | **Öffnungszeiten** 7–17 Uhr | **Tipp** Wer auf diesen Schreck erst mal entspannt einen Tee trinken möchte, sollte ins »Yi She«, eines der besten Teehäuser Shanghais, gehen (223 Wanhangdu Road).

52 Das Jinjiang-Hotel

Der amerikanische Präsident Nixon und Mao

Mao ist von hier aus durch einen Tunnel unbehelligt in den damaligen französischen Sportclub auf der anderen Seite der Straße gelangt, und der amerikanische Präsident Richard Nixon hat hier am 28. Februar 1972 das Shanghai-Kommuniqué unterzeichnet. Eine Unterschrift, die Weltgeschichte schreiben sollte. Denn mit ihren Unterschriften besiegelten Nixon und Zhou Enlai, der erste Premierminister Chinas, einen Vertrag, der den Beginn der Annäherung beider Staaten markierte und 1979 zur Aufnahme diplomatischer Beziehungen führte.

Was heute als Hotel dient, waren ursprünglich Appartementhäuser. 1951 übernahm die neue Regierung Chinas das 1929 fertiggestellte »Cathay Mansion« und wandelte es in ein Hotel für altgediente Parteikader und ausländische Besucher um. Die Leitung übergab man Dong Zhujun, deren Restaurant Teil des Hotels und gleichzeitig dessen Namensgeber werden sollte. Dong Zhujun wurde somit die erste Frau Shanghais, die ein Hotel führte.

1956 wurden das 1934 errichtete Grosvenor House (siehe Ort 40) sowie sein Seitenflügel, direkt gegenüber dem Cathay Mansion, ebenfalls von der Regierung konfisziert. Zahlreiche Prominente hatten hier gewohnt, waren aber bereits geflohen, als die Kommunistische Partei 1949 an die Macht kam. Jetzt wurde der Wohnraum an Shanghais Intellektuelle vergeben, aber auch sie wurden nur ein Jahr später, in Folge der Anti-Rechts-Bewegung, die auf die Hundert-Blumen-Bewegung folgte, vertrieben oder zur Flucht gezwungen und das Grosvenor House endgültig Teil des Jinjiang-Hotels.

Seitdem hat das Hotel einige sehr berühmte Menschen beherbergt und war ein Ort, an dem Geschichte geschrieben wurde. Im April 1959 hat sich Mao Zedong dort mit Vertretern aller Provinzen getroffen. 1960 fand eine Veranstaltung der Kommunistischen Partei statt, an der auch Mao Zedong, Zhou Enlai und Zhu De (ehemaliger Vizepräsident Chinas) teilnahmen.

Adresse 59 North Maoming Road, Huangpu District | **ÖPNV** Metro 2, 12 oder 13, Station West Nanjing Road, Ausgang 14 | **Öffnungszeiten** nur von außen zu besichtigen | **Tipp** Direkt gegenüber befindet sich das »Okura Garden Hotel«. In dem Gebäude des ehemaligen »Cercle Sportif Français« kann man die viele noch ursprünglich erhaltene Art-déco-Elemente bewundern.

53 Der Jinshan-Stadtstrand

Sommer, Sonne, Strand, Shanghai

So wirklich in der Nähe der Stadt liegt der Strand Shanghais nicht. Wieder zeigt sich, wie riesig groß Shanghai ist. Will man zum Stadtstrand, sollte man sich einen Tag Zeit nehmen. Ein Besuch jedoch, der sich lohnt.

Einfach mal über die Dünen ans Wasser gehen? So einfach funktioniert das nicht. Wer den Strand genießen möchte, muss Eintritt bezahlen und dann noch mal ein gutes Stück laufen. Vom Eingang aus geht es an zahlreichen Fressbuden und einem langen Grünstreifen mit Spielplatz vorbei, bis man an den eigentlichen Strand gelangt. Selbstverständlich gibt es Palmen. Ebenso selbstverständlich sind sie allerdings Fake.

Ein besonderer Blickfang sind all die Brautpaare mit ihren Kamerateams. Die »Pre-Wedding-Photography« hat sich in ganz Asien zu einem lukrativen Geschäftsmodell entwickelt, dessen Umsatz auf mehrere Milliarden Euro geschätzt wird. Aus den Fotos wird ein Hochzeitsbuch gestaltet. Mindestens drei Bilder werden auf A3 gezogen und den Familien des Brautpaars geschenkt. Die Fotos werden in den Wohnungen aufgehängt, damit sich alle auf den besonderen Tag freuen können. Traditionell besitzt eine chinesische Braut drei Kleider – ein klassisch weißes (Reinheit), ein rotes (Glück) und ein Kleid für den Abend zum Tanzen. Für das Shooting muss sie die Kleider aber (noch) nicht haben. Die Fotostudios verfügen über unzählige Outfits, aus denen sich das Paar die für das Shooting passenden aussuchen kann.

Wer es lieber aktiv mag, kann sich ein Kajak mieten und in einem ausgewiesenen Gebiet vor der Küste hin und her paddeln. Für Sportbegeisterte gibt es direkt neben den Standburgen zudem einen Volleyballplatz. Man kann sich aber auch ein Strandfahrrad ausleihen. Abends am Strand noch gemütlich mit der Familie grillen und den Sonnenuntergang beobachten – auch das geht. In Shanghai geht die Sonne früh unter, und der Strand schließt erst um 21 Uhr.

Adresse 7555 Huhang Gonglu, Jinshan District | ÖPNV Metro 1, 3 oder 15, South Railway Station, Metro 22 nach Jinshan (30 Minuten), weiter mit dem Taxi, Bus oder zu Fuß (circa 20 Minuten) | Öffnungszeiten 8.30–21 Uhr (20 Yuen am Wochenende, 10 Yuen wochentags) | Tipp Einen Strand nicht ganz so weit draußen gibt es am Moon Lake Park (1158 New Linyin Road) und im Daning Tulip Park (Yichuan Road).

54 Der Konfuzius-Tempel

Die Kugel im Maul des Löwen

Sie treten in aller Regel nur im Doppelpack auf. Sie stehen rechts und links der Eingangstüren zahlreicher chinesischer Gebäude. Man findet sie in sämtlichen Größen. Die meisten aus Stein, wenige aus Porzellan. Einige haben eine Kugel unter einer ihren Vorderpfoten, andere haben sie im Maul. Die Kugel unter der Pfote symbolisiert die Einheit und Kraft des Reiches. Aber warum haben andere Löwen, wie die im Konfuzius-Tempel, die Kugel im Maul?

Der Legende nach wurden die Menschen vor sehr, sehr langer Zeit von bösen Ungeheuern aus der Unterwelt terrorisiert. Einer der Männer wollte das nicht länger ertragen und beschloss, die Götter um Hilfe zu bitten. Egal, was es kosten würde; egal, welche Mühsal er auf sich nehmen würde müssen: Er wollte dem Leiden der Menschen ein Ende setzen. Einer der Götter erbarmte sich seiner und schenkte ihm einen Schatz. Mit dem Schatz im Mund verwandelte sich der Mann in einen Löwen. Die Ungeheuer bekamen es so mit der Angst zu tun, dass sie sich in ihre Unterwelt verkrochen. Die Menschen konnten fortan wieder in Frieden leben. Als der Mann starb, kamen die Ungeheuer wieder an die Oberfläche und begannen erneut, die Menschen zu terrorisieren. Um die Ungeheuer zu vertreiben, erschufen die Menschen Steinlöwen und stellen sie rechts und links der Eingangstüren zu ihren Häusern auf. Die Ungeheuer dachten, der Mann sei zurückgekehrt, und flohen erneut. Noch heute halten die steinernen Löwen mit der Kugel im Maul die Ungeheuer und somit das Böse von den Häusern fern.

Eine andere Legende besagt, dass die chinesische Kaiserfamilie schon immer Löwen hatte. Damit auch sie sich an die eiserne Regel »Sehen, aber nicht darüber sprechen« hielten, wurde ihnen eine Kugel ins Maul gelegt.

Übrigens: Löwen in freier Natur hat es in China nie gegeben. Man geht davon aus, dass ihr Bildnis im 2. Jahrhundert vor Christus als Import nach China kam.

Adresse 215 Wenmiao Road, Huangpu District | ÖPNV Metro 8 und 10, Laoximen Station, Ausgang 7, auf die Fuxing East, rechts in die Zhonghua Road, links in die Wenmiao Road | Öffnungszeiten 9–17 Uhr (letzter Einlass 16.30 Uhr) | Tipp Unbedingt auch die Teekannen-Ausstellung in diesem Konfuzius-Tempel besuchen. Samstags findet hier immer der Secondhand-Büchermarkt statt – ideal für Schatzsucher.

55 Das Kongyiji-Restaurant

Anstich auf Chinesisch

Was in München der Bieranstich, ist in Shanghai der »kaitan« – das Krugöffnen. Einmal monatlich wird vor dem Kongyiji-Restaurant, das sich ganz in der Nähe des Konfuzius-Tempels befindet, unter dem großen Beifall aller Umstehenden ein Krug geöffnet. Oder vielmehr, dem Krug wird der Kopf abgeschlagen. Darin: ein über Jahre gereifter gelber Reiswein der besten Qualität. Selbstverständlich gibt es bei dieser Gelegenheit auch immer einen Schluck aufs Haus – während der Wintermonate leicht erhitzt, damit er von innen wärmen kann. Im Sommer eher mit Eiswürfeln.

Den gelben Wein bezieht das Kongyiji direkt aus seiner Heimatstadt Shaoxing, südwestlich von Shanghai, auf dessen Küche es sich auch spezialisiert hat. Der dort hergestellte Reiswein ist der bekannteste Chinas und geht auf eine über 4.000-jährige Geschichte zurück. Jedes Jahr im zehnten Monat des chinesischen Kalenders wird in der Region um Shaoxing mit der Herstellung des Huangjiu begonnen. Wenn es draußen langsam kälter wird, sind die Voraussetzungen für die Weinherstellung ideal – ideale Temperaturen und ideale Luftfeuchtigkeit. Hergestellt wird der weiße Wein aus klebrigem Reis, einer Starterkultur und Wasser. Die Starterkulturen verwandeln die Reisstärke zunächst in Zucker und später in Alkohol. Ein Prozess, der, je nach Qualität des Weines, wenige Tage, mehrere Monate oder gar Jahre dauern kann. Der Wein reift in Ton-Amphoren, die riesigen Urnen gleichen. Auf diese Gefäße geht übrigens das chinesische Zeichen für Alkohol – 酒 – zurück. Je kälter es ist, desto langsamer verläuft die Gärung und desto besser wird der Wein, dessen Farbe von glänzendem Gelb bis Braun reicht.

Laut Auskunft der traditionellen chinesischen Medizin soll man, um das Qi in Balance zu halten, den Huangjiu, der als ein wärmendes Lebensmittel gilt, mit kühlendem Essen wie »haarige Krabbe« oder kaltem Hähnchen kombinieren. Beide Gerichte kann man selbstverständlich hervorragend im Kongyiji-Restaurant essen.

Adresse 36 Xuegong Street (Jie), Nähe Wenmiao Road, Huangpu District | **ÖPNV** Metro 8 und 10, Laoximen Station, Ausgang 7, auf die Fuxing East, rechts in die Zhonghua Road, links in die Menghua Street, rechts in die Xuegong Street | **Öffnungszeiten** 11–14 und 17–21.30 Uhr | **Tipp** Wer mehr Lust auf ein erfrischendes Bier hat, sollte in die Shanghai Brewery (Donghu Road) gehen, Shanghais einzige mehrfach ausgezeichnete Brauerei.

56 Der London Tower

Die Drachentore Shanghais

Es gibt unzählige Hochhäuser in Shanghai, und es werden immer mehr. Einige von ihnen haben in der Mitte ein Loch. Diese Löcher sind nicht, wie man annehmen könnte, ein architektonischer Trend. Sie sind auch keine Terrassen oder Aussichtsplattformen für die Bewohner. Sie dienen vielmehr als Tore für die Drachen, die hier allmorgendlich und -abendlich durch müssen.

Für alle, die an Feng-Shui (Fēng = Wind, Shuǐ = Wasser) glauben, ist der Drache die personifizierte Natur. Er ist Herr über sämtliche Gewässer: Meere, Seen, Flüsse und Bäche. Er herrscht aber auch über den Regen und somit über den Ackerbau. Niemand möchte es sich mit einem Drachen verscherzen. Und schon gar nicht einem Drachen den Weg versperren. Das bringt Unglück.

Damit die Drachen ungehindert morgens aus den Bergen zum Meer und abends wieder nach Hause fliegen können, ohne von Gebäuden aufgehalten zu werden, sind die Chinesen mehr als gewillt, den Verlust von Wohnraum in Kauf zu nehmen. Es würde schließlich großes Unglück mit sich bringen, hätte der Drache nicht freie Bahn. Man würde damit nicht nur die Standfestigkeit seines Heimes aufs Spiel setzen. Kann der Drache dagegen mitten durch das Gebäude fliegen, fließt positive Energie durch alle Räume.

Es verheißt in besonderem Maße Glück und bedeutet eine große Chance auf Wohlstand, dort zu wohnen, wo Drachen ausatmen – an einem Teich oder See. Da Drachen Juwelen, Edelsteine und Schätze lieben und sie gut bewachen, ist es laut Feng-Shui von großem Vorteil, wenn man in einer Umgebung lebt, in der die Form eines Drachen deutlich erkennbar ist. Auch in Shanghai findet man sie überall – an den Eingängen zu Gebäuden, auf den Mauern rund um traditionelle chinesische Gärten, in Möbel geschnitzt oder auf Bettwäsche gedruckt. Denn Drachen stehen in der fernöstlichen Kultur nicht zuletzt für Zuverlässigkeit, Stärke, Klugheit, Weisheit und extrem viel Kraft.

Adresse 1000 Gubei Road, Changning District | ÖPNV Metro 10, Yili Road Station, Ausgang 2 | Tipp Ein Gebäude, das ganz im Sinne des Feng-Shui errichtet wurde, ist der »Jin Mao Tower« im Finanzviertel in Pudong (88 Shiji Dadao). Im Feng-Shui ist die 8 eine wichtige Zahl. Der Jin Mao Tower hat die Hausnummer 88, ist achteckig, hat 88 Stockwerke (und vieles mehr).

57 Die Long Bar

Das erste Kentucky Fried Chicken Shanghais

Das Gebäude, welches heute das Waldorf Astoria beherbergt, war ursprünglich der erste britische Gentlemen's Club und der erste ausländische Club in Shanghai überhaupt. Zwischen damals und heute liegt allerdings eine bewegte Geschichte, die mit der Eröffnung einer KFC-Niederlassung ihren Höhepunkt fand.

Bereits 1861 entstand hier der erste britische Club. Er wurde aber schon bald wieder abgerissen und 1910 durch das heutige Gebäude ersetzt. Hier gab es alles, was noch heute einen guten Gentlemen's Club ausmacht: Ballsäle, Raucherzimmer, eine riesige Bibliothek und natürlich eine Bar: die »Long Bar«. Benannt nach ihrem 33,5 Meter langen Tresen, war sie das Herz des Clubs. Schon die Mitgliedschaft im Club war sehr exklusiv, und an der Long Bar zeigte sich, welche Stellung man in der Gesellschaft innehatte. Je höher der gesellschaftliche Status, desto näher rückte man ans Fenster.

Als die Japaner im Dezember 1941 Shanghai besetzten, mussten die Briten den Japanern weichen. Mit der Machtübernahme der Kommunisten dann die Japaner den Chinesen. Sie wandelten den britischen Club zunächst in den »Seamen Club« und später das »Dongfeng Hotel« um. Aber auch das sollte nicht von langer Dauer sein, denn das historische Gebäude war baufällig geworden.

1990 dann die erste Wiederbelebung. Aus der ehemaligen Long Bar wurde für sechs Jahre der erste Kentucky Fried Chicken Shanghais. Die Einrichtung funktional im typischen KFC-Stil. Die ursprünglichen Möbelstücke aus der Bar wurden in einem Lager verstaut. Erst als Ende der 2000er Jahre Hilton Worldwide das Gebäude erwarb und alles einer aufwendigen Renovierung unterzog, sollte auch die Long Bar wieder im alten Glanz erleuchten. Heute kann man an der Bar oder in einem der Sessel sitzen, gemütlich einen Drink zu sich nehmen und den Jazzmusikern zuhören. Wie vor hundert Jahren. Nur, dass heute auch Frauen Zutritt haben und die Reihenfolge an der Bar nichts mehr mit dem sozialen Rang zu tun hat.

Adresse 2 Zhongshan East 1st Road, Huangpu District | **ÖPNV** Metro 10, Yuyuan Garden, zu Fuß Richtung Bund | **Öffnungszeiten** 16–1 Uhr | **Tipp** Ebenfalls eine coole Bar befindet sich auf der Dachterrasse des Captain Hotels (37 Fuzhou Road, Mo–Fr 17–1, Sa/So 11.30–1).

58 Das Lu Tian Jia – Ashidaya

Stylisches Café mit eigener Rösterei

China ist das Land des Tees. Klar! Kaffee wird in Shanghai aber immer moderner, und so haben sich mittlerweile unzählige kleine Kaffeeshops angesiedelt. Besonders beliebt sind die versteckten Cafés, die sich über Mund-zu-Mund-Propaganda einen Namen machen.

So auch das Café Ashidaya (芦田家) des chinesisch-japanischen Ehepaares Gao, dessen Leidenschaft der Kaffee ist. Biegt man von der turbulenten West Nanjing Road in die kleine, ruhige Allee, geht vorbei an Gemälden, die eine Galerie an den Hauswänden präsentiert, steht man vor dem Haus Nummer 33 und zweifelt, ob man richtig ist. Doch keine Scheu! Hinter der Eingangstür, die genauso aussieht wie die der benachbarten Wohnhäuser, befindet sich das gemütlich eingerichtete Café. Wohlriechender Duft zieht aus der hauseigenen Rösterei durch den Raum. Das Ashidaya gilt als Treffpunkt der Kreativen. Die Barista brüht für jeden Kaffee sorgsam auf. Soll es lieber ein nussiger oder fruchtiger Kaffee sein? Stark oder eher für den Abend?

Vor Frau Gao steht die Kaffeekanne – von einem befreundeten Designer bemalt – auf einer Waage. Langsam tropft das heiße Wasser in den Filter mit dem exakt portionierten Kaffeepulver. Die Barista probiert den Aufguss, und erst, wenn sie selbst überzeugt ist, reicht sie dem Gast eine Tasse des köstlichsten Kaffees.

Seit der Eröffnung 2014 haben sich die Gaos in der Kennerszene einen Namen gemacht und verkaufen ihre Produkte an zahlreiche andere Cafés in Shanghai oder nehmen Bestellungen online auf. Das Eichhörnchen ist das Maskottchen des kleinen Cafés. Überall an den Wänden und auf den Tassen sieht man kleine Zeichnungen oder Bilder von dem kleinen Nagetier. Die Frage, wie viele es denn insgesamt sind, beantwortet die Inhaberin mit einem Lächeln und den Worten: »Zähl einfach«. Damit hat man dann auch beim wiederholten Besuch des kleinen Cafés einen netten Zeitvertreib.

Adresse 88 Jiangyin Road, Long (Haus) Nr. 33, Huangpu District (Eingang über 455 West Nanjing Road) | ÖPNV Metro 2, 12 oder 13, West Nanjing Road, Ausgang 11 | Öffnungszeiten Do–So 12.30–19 Uhr | Tipp Der mit 2.800 Quadratmetern – verteilt auf zwei Etagen – weltweit zweitgrößte Starbucks (ebenfalls mit hauseigener Rösterei) findet sich in der 789 West Nanjing Road.

59_Das M50

Die Verkehrspolizisten Shanghais

In Shanghai gibt es eine sehr lebendige Kunstszene. Fast jede ehemalige Fabrikhalle wird früher oder später in eine Kunsthalle umgewandelt. So auch die »Chunming Slub Mill«, eine ehemalige Textilfabrik.

Nachdem die Fabrik die Produktion eingestellt hatte, richtete der Shanghaier Künstler Xue Song sein Atelier ein. Nur kurze Zeit später folgten andere berühmte Shanghaier Künstler. Heute arbeiten, stellen aus und verkaufen Künstler aus der ganzen Welt auf dem M50-Kunstareal direkt am Suzhou Creek. In den über zwanzig Gebäuden mit teils mehreren Etagen befinden sich circa 120 Galerien – jede mit ihrer eigenen Stilrichtung. Von gegenständlich bis abstrakt. Von knallbunt bis schwarz-weiß. Von eher europäisch geprägter bis zu typisch chinesischer Kunst. Große Gemälde, kleine Gemälde, plastische Bilder, Fotografien, Skulpturen, Töpferkunst, Installationen und vieles mehr. Aber nicht nur die Galerien sind sehenswert, auch das Areal selbst.

Eine Wandmalerei im hinteren Bereich des Geländes zeigt einen Verkehrspolizisten mit dem für Sikhs typischen Turban. Die Briten hatten während ihrer Kolonialzeit in Indien gute Erfahrungen mit der »Teile und herrsche«-Politik gemacht. Auf dieser Politik aufbauend, rekrutierte das »Shanghai Municipal Council«, das Verwaltungsorgan der »Internationalen Niederlassung«, in den Jahren 1884 und 1885 Sikhs, um den Verkehr zu regeln. Die meisten von ihnen aus dem indischen Bundesstaat Punjab. Als der Sicherheitsbedarf stieg, wuchs auch die Zahl der Sikh-Polizisten, die mittlerweile auch als Wachmänner arbeiteten.

Das Ende der Sikh-Polizisten kam mit der Einnahme Shanghais durch die Japaner 1945. Viele Sikhs waren bereits in den späten 1930er Jahren und während des Zweiten Weltkriegs nach Indien zurückgekehrt. Mit dem Indisch-Chinesischen Grenzkrieg 1962 verließ eine zweite Welle Sikhs Shanghai, und 1973 ging die letzte Sikh-Familie.

Adresse 50 Moganshan Road, Putuo District | ÖPNV Metro 13, Jiangning Road, Ausgang 1, auf der West Tianmu Road Richtung Suzhou River, links in die West Suzhou Road und der Straße folgen | Öffnungszeiten 10–19 Uhr | Tipp An moderner Kunst Interessierte sollten unbedingt die zahlreichen Galerien und Kunstmuseen am Westbund besuchen.

60 Mu Lan Hua Ge Jia Ju Li

Ist das antik oder kann das weg?

Wer auf der Suche nach chinesischen Antiquitäten oder ausgefallenen chinesischen Mitbringseln ist, sollte sich auf den Weg zur »Mu Lan Hua Ge Jia Ju Li Curio Company« machen. Dieser Markt ist das Eldorado für alle Schatzsucher.

Allerdings braucht, wer hierherkommt, eine gute Portion Abenteuerlust. Schon allein das Lagerhaus in Pudong zu finden, ist ein Abenteuer. Gefolgt von dem Abenteuer, den Markt, der eigentlich ein riesiges Warenlager ist, zu erkunden. Mal ganz abgesehen davon, dass in der zweiten Etage die Dielen einen wenig vertrauenswürdigen Eindruck machen.

Auf zwei Etagen stapeln sich alle möglichen Dinge meterhoch bis unter die Decke: Alte Truhen und Dosen in jeder erdenklichen Größe und Form – natürlich überwiegend in Rot. Manche aus Holz, andere aus Blech. Rund, eckig, oval. Groß, klein. Skulpturen aus Stein, Holz oder Ton. Statuen von Buddha oder anderen Gottheiten. Bunte und weniger bunte chinesische Keramikfiguren. Tiere aus Holz, Stein oder ausgestopft. Stühle, Tische, Leitern, Hocker, Musikinstrumente, Radios, Fernseher. Manche antik, viele einfach nur alt, alle verstaubt. Meterlange Regale drohen, unter der Last aus Geschirr und Keramik zusammenzubrechen. Dazwischen stapelweise Postkarten, Kalender, Gebetsketten und natürlich chinesische Vasen – und nicht zu vergessen: die Sonnenschirme. Wo noch Platz an den Wänden war, hängt chinesische Malerei.

Freien Platz gibt es kaum. Lediglich ein schmaler Gang ist geblieben. Wer sich fragt, wo all die Dinge herkommen, muss sich lediglich die unzähligen, in den vergangenen Jahren abgerissenen Lilong-Häuser vor Augen führen. Oftmals haben die ehemaligen Bewohner einfach alles, was sie nicht mitnehmen wollten oder konnten, in den Häusern zurückgelassen.

Wie überall sollte man auch hier handeln. Und das Beste: Es ist zwar nicht alles gut erhalten, aber die Reparatur ist immer inklusive.

Adresse Building 1, 140 Hangtou Road, Pudong New Area | ÖPNV Metro 8, Lingzhao Xincun | Öffnungszeiten täglich von 10–18 Uhr | Tipp Das Aurora Museum ist bekannt für seine chinesischen Artefakte (99 Fucheng Road, Di–So 10–17 Uhr, Fr 10–21 Uhr).

61 Die Nankeen-Galerie

Blaudruck auf Chinesisch

Gucci, Prada, Versace. Alle großen Marken sind in Shanghai vertreten. Gefühlt befindet sich in Shanghai alle hundert Meter ein Luxus-Kaufhaus. Aber mitten in der Französischen Konzession in der »Nankeen Exhibition Hall« wird noch ein Jahrhunderte altes Kunsthandwerk gepflegt: der Blaudruck.

Über dem Eingang zur Nachbarschaft prangt ein großes blaues Schild, welches auf die Galerie hinweist. Durch das Tor, immer geradeaus – und schon steht man davor. Ist sie geschlossen, einfach den Schildern zum Hinterhof folgen. Denn oftmals ist der Inhaber im Garten. Dort wird der Stoff gefärbt, und die Stoffbahnen trocknen im Wind. Gefärbte Stoffe, deren weiße, einfache Muster in leuchtendem Kontrast zum Indigoblau stehen. Jeder Stoff ein Kunstwerk. In der Galerie kann man alle Exponate kaufen: Kleider, Schuhe, Handtaschen und allerlei Accessoires. Alles aus Blaudruckstoffen und in liebevoller Handarbeit gefertigt.

Wo der Blaudruck seinen Ursprung hatte, ist nicht bekannt. Man geht allerdings davon aus, dass er aus Indien stammt. Schon 138 vor Christus wurde er erstmals auch in China erwähnt. Die damaligen Bürger Chinas nutzten die Stoffe, um daraus ganz alltägliche Dinge anfertigen zu lassen.

Der Blaudruck ist ein »Reservedruck«, also ein indirektes Färbeverfahren. Auf weiße Stoffbahnen wird mit Hilfe eines traditionell hölzernen Druckblocks der »Papp« aufgetragen. Er verhindert, dass sich an dieser Stelle der Stoff verfärbt. Die bedruckten Stellen des Stoffes werden quasi »reserviert«. Erst beim Auswaschen kommen die Muster zum Vorschein. Leider wird die Kunst des Blaudrucks heute nicht mehr hochgehalten und stirbt langsam, aber sicher aus. In den Augen vieler ist der Blaudruck altbacken und passt nicht in das hippe Stadtleben. Aber vielleicht ändert die Tatsache, dass der Blaudruck seit 2018 zum Immateriellen UNESCO-Kulturerbe gehört, etwas an diesem Image.

Adresse Nr. 24 Lane, 637 Changle Road, Xuhui District | ÖPNV Metro 1 oder 7, Changshu Road Station, Ausgang 1, Huating Road, links in die Changle Road | Öffnungszeiten 9–17 Uhr | Tipp Wer lieber etwas aus Seide möchte, sollte in das Jiangnan-Seidenmuseum (1029 Zhongshan South Road) gehen – eine Mischung aus Verkaufsraum und Museum.

62 Der Nord Bund

Albert Einstein in Shanghai

Wir schreiben das Jahr 1922. Albert Einstein ist mit seiner Frau Elsa auf dem Schiff in Richtung Asien unterwegs. Er plant, an diversen Universitäten in Asien Vorträge zu halten. Noch an Bord erreicht ihn die Nachricht, dass er den Nobelpreis erhalten hat.

Schnell hatte sich auch in Shanghai rumgesprochen, welch berühmter Besucher bald in den Hafen einlaufen sollte – genau dort, wo heute seine Statue zu finden ist. Kein Wunder, dass der Physiker mit den wilden Haaren bei seiner Ankunft in Shanghai am 13. November 1922 von einer begeisterten Menge in Empfang genommen wurde. Darunter die überwiegende Mehrheit der jüdischen Emigranten, aber auch zahlreiche ausländische und einheimische Intellektuelle und selbstverständlich Vertreter der schwedischen Botschaft. Letztere überbrachten noch im Hafen offiziell die Nachricht des Nobelpreiskomitees: Einstein hatte »insbesondere für die Entdeckung des Gesetzes des photoelektrischen Effekts« den Nobelpreis für Physik 1921 erhalten.

Einstein blieb nur einen einzigen Tag in Shanghai. Eigentlich hatte er geplant, an der Universität in Beijing einen Vortrag zu halten. Dieser war aber abgesagt worden, da die offizielle Einladung des Rektors der Universität, Cali Yuanpei, ihn nicht rechtzeitig erreicht hatte. Einstein sollte aber in den folgenden Jahren noch weitere Male nach China kommen und diverse Vorträge halten. Auch in Shanghai.

Getrübt wurde die Erinnerung an den Besuch des genialen Wissenschaftlers, als 2018 seine privaten Tagebücher erstmals in englischer Sprache veröffentlich wurden. Er beschreibt darin unter anderem die Eindrücke und Erlebnisse seiner Asienreise, die ihm zum Teil als rassistisch ausgelegt wurden. Er schreibt über seinen Spaziergang durch Shanghais Straßen, er habe den »Eindruck von grässlichem Existenzkampf sanft und meist stumpf aussehender meist vernachlässigter Menschen«.

Adresse 500 Dongdaming Road, Hongkou District | ÖPNV Metro 12, International Cruise Terminal, die Skulptur Albert Einsteins befindet sich rechts vor dem Hochseilgarten | Tipp Übernachtet hat Einstein im »Astor Hotel« (15 Huangpu Road). Es beherbergt heute das durchaus sehenswerte Museum für Staatssicherheit.

63 Die Normandie-Appartements

Das Sprungbrett in den Tod

Mitten in der ehemaligen Französischen Konzession steht das bekannteste und außergewöhnlichste Gebäude des ungarischen Architekten László Hudec. Die 1924 erbauten Normandie-Appartements sind mit ihren acht Stockwerken im französischen Renaissancestil das älteste Appartementgebäude Shanghais im Verandastil. Im Volksmund wird es auch als »Sprungbrett« bezeichnet, denn von seinem Dach haben sich während der Kulturrevolution zahlreiche Schauspieler und Intellektuelle in den Tod gestürzt.

Als Kung Ling-Wei, Tochter eines reichen Bankers, das Gebäude 1942 kaufte, zogen mit ihr zahlreiche Stars und Sternchen des chinesischen Films ein. In den 1940er Jahren stand es im Ruf, das »Hollywood« Chinas zu sein. Die wichtigsten Filmproduktionsfirmen waren dort angesiedelt. Regisseure, Drehbuchautoren, Schauspieler und solche, die es gern werden wollten, trafen sich in den Cafés und Restaurants im Erdgeschoss des Gebäudes. Unter ihnen Größen wie Wu Yin, Wang Renmei, Qin Yi, Zhao Dan, Sun Daolin, Wang Wenjuan, Shangguan Yunzhu und der Schauspieler und Regisseur Zheng Junli.

Mit der Kulturrevolution wurde das Gebäude mitsamt seiner Bewohner zur Zielscheibe der Rotgardisten. Dutzende Intellektuelle und Filmstars wurden in den Selbstmord getrieben. Unter ihnen Shangguan Yunzhu, eine der talentiertesten und vielseitigsten Schauspielerinnen Chinas. Sie hatte es in den »swinging« 1940er Jahren zu beachtlichem Ruhm gebracht. Einer ihrer größten Verehrer: Mao. Angeblich soll er sie zu mehreren »privaten« Treffen aufgefordert haben. Aber trotz oder gerade wegen dieser Beziehung zu Mao war Shangguan ins Visier von Maos vierter Frau Jiang Qing geraten.

Am 23. November 1968 um drei Uhr in der Frühe sprang Shangguan von ihrem Balkon in den Tod. Noch heute glauben viele, leise Musik aus ihrem einstigen Appartement zu hören.

Adresse 1850 Huaihai Road, Xuhui District | **ÖPNV** Metro 10 oder 11, Jiaotong University, Ausgang auf die Huaihai West Road | **Öffnungszeiten** nur von außen zu besichtigen | **Tipp** Die Normandie-Appartements liegen direkt an der Wukang Road, Shanghais berühmtester Selfie-Straße. Setzen Sie sich in eines der Cafés mit Blick auf die Straße und genießen Sie das Schauspiel!

64 Die Ohrenputzer

Traditionelles Handwerk in Tianzifang

Es ist ein aussterbender Berufszweig, aber es gibt ihn noch: den Ohrenreiniger. Die letzten Vertreter des Berufs findet man mit etwas Glück in den Straßen des alten Shanghai, aber ganz sicher in Tianzifang.

Im zweiten Stock eines Shikumen-Hauses in Tianzifang, einem bekannten Künstlerviertel mit zahlreichen Bars und Restaurants, befindet sich »Wei Wei Ear Cleaning«. Ein kleines Studio, in dem man sich professionell die Ohren reinigen lassen kann. Es sieht eher aus wie in einem Massagesalon. Ein Raum mit mehreren Liegen und daneben fein säuberlich aufgereiht das spezielle Besteck für die Ohrreinigung: Nadeln mit Watteaufsatz, lange Stäbe mit Schwanenfedern als Bürsten und kleine Pinsel. Nicht jeder Aufsatz passt für jeden Kunden. Es kommt immer auf die Größe der Ohren an. Es finden sich kleine, mittlere und große Aufsätze. Um ihren Kunden tief in die Ohren schauen zu können, tragen die Ohrenputzer eine Stirnlampe oder haben eine kleine Lampe am Finger.

Nach einer kurzen Inspektion der Ohren geht es los. Für Unerfahrene ist er ein komisches Gefühl, wenn jemand mit einem dünnen Stab im Ohr herumfummelt. Vorsichtig wird zunächst das Ohrenschmalz entfernt. Das kann schon mal jucken oder kratzen. Ist die Verschmutzung zu hartnäckig, wird mit Öl nachgeholfen. Für den Feinschliff werden Nadeln mit den Schwanenfederbürsten verwendet. Für alle Kitzeligen etwas schwerer zu ertragen, aber dennoch ein schönes Gefühl. Zum Abschluss gibt es noch eine Ohrenmassage der besonderen Art. Ein Stäbchen wird ins Ohr gesteckt und mit einem Hämmerchen in Schwingung gebracht. Die Schwingungen übertragen sich auf die Ohren und massieren sie wohltuend. Es soll noch immer zahlreiche Chinesen geben, die sich ein- bis zweimal pro Monat die Ohren professionell reinigen lassen. Sie sind davon überzeugt, dass das Ohrenreinigen gut für die Gesundheit ist und ein langes Leben fördert.

Adresse 2/F, Lane 272, Taikang Road, Huangpu District | ÖPNV Metro 9, Dapuqiao | Öffnungszeiten 10.30–23 Uhr | Tipp Eine der schönsten noch erhaltenen Shikumen-Wohnanlagen ist die 1920 von einem französischen Geschäftsmann errichtete »Cité Bourgogne« (Lane 287, Shaanxi South Road).

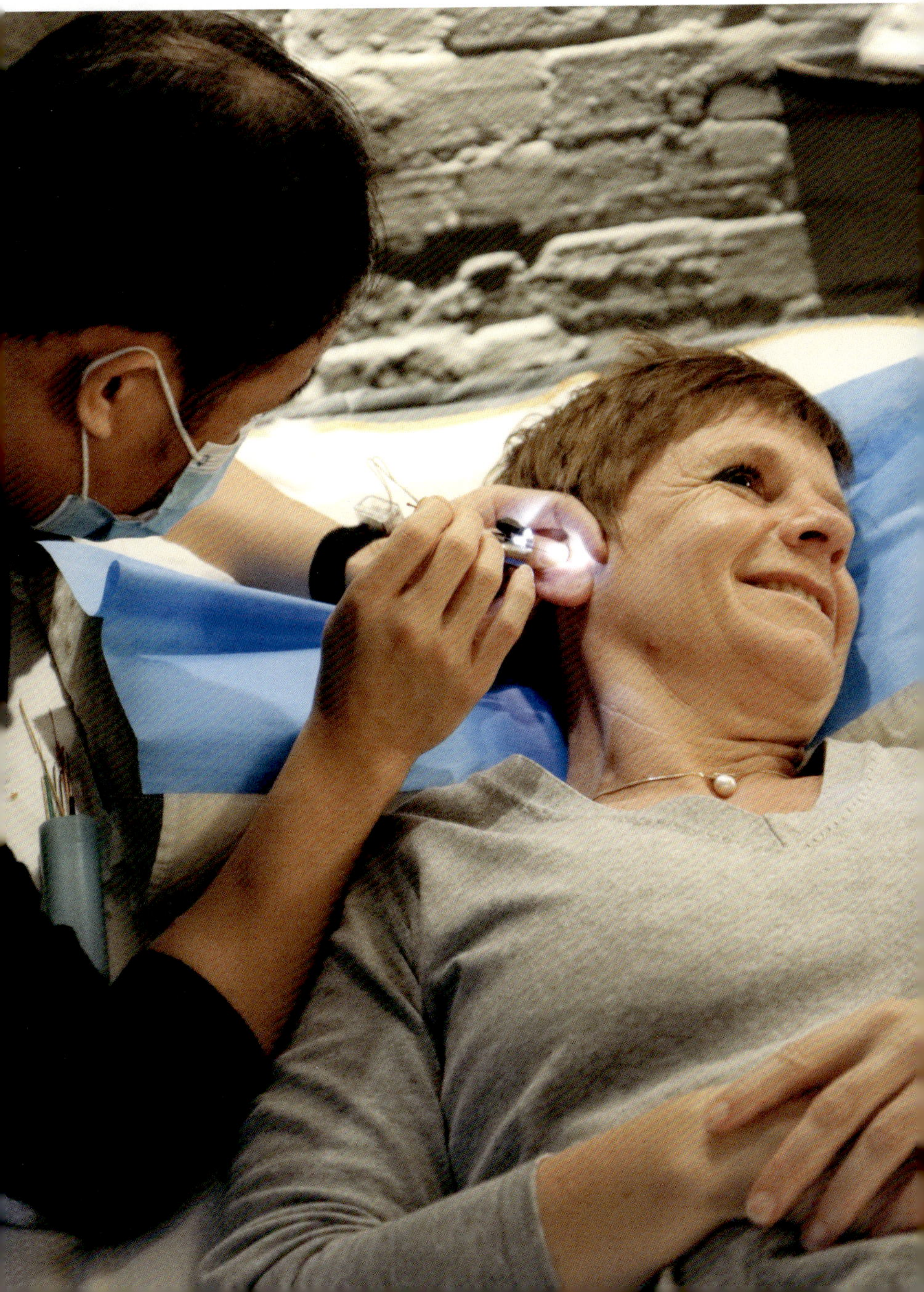

65 Der Pacific Department Store

Es tut mir leid, Baby!

»Ich möchte dich wirklich nicht wieder zum Weinen bringen. Es tut mir leid, Baby, es ist nicht so, dass ich dich nicht liebe. Ich möchte dich nicht wieder traurig machen.«

Der Song »Es tut mir leid, Baby« – 宝贝对不起 (Bǎobèi Duìbùqǐ) – ertönt im Pacific Department Store in Xujiahui, einem der schicksten Einkaufsviertel Shanghais, während des Tages immer mal wieder und ab 12 Uhr nachts in Dauerschleife. Um die ruhelosen Geister der Babys zu beruhigen, die allnächtlich durch die Gänge spuken.

Der heutige Pacific Department Store wurde 1933 auf dem ehemaligen Gelände eines Krankenhauses für Findelkinder gebaut. Babys und Kinder, die von ihren Eltern verlassen worden waren, wurden dort abgegeben und versorgt. Man sagt, dass die Lebensbedingungen für die Kleinen schrecklich waren. Unter anderem soll das Essen schon lange abgelaufen oder sogar verschimmelt gewesen sein. Viele der Kleinen sind verstorben. Aus diesem Grund und weil sie nicht ordentlich beigesetzt wurden, konnten ihre Seelen noch nicht ins Jenseits eingehen und irren nachts durch die leeren Gänge.

Etliche Wächter haben des Nachts Babyweinen und Kinderlachen gehört, obwohl weit und breit niemand zu sehen war. Da die meisten Chinesen sehr abergläubisch sind, meldeten sie die Vorkommnisse dem Management. Der Besitzer des Kaufhauses konsultierte daraufhin einen Feng-Shui-Meister. Der erklärte nach eingehender Inspektion, dass man die unter der Erde lebenden Geister zwar nicht vertreiben, aber durchaus beruhigen könne. Am besten würde das mit Kinderliedern funktionieren. Also wurde der Sänger CM alias Cao Meng eingeladen, im Pacific Department Store »Es tut mir leid, Baby« zu singen. Es ist diese Aufnahme des klassischen Kinderlieds, die auch heute noch im Kaufhaus läuft – und die Wächter nachts wieder beruhigt durch die Gänge patrouillieren lässt.

Adresse 932 Hengshan Road, Xuhui District | ÖPNV Metro 1, 9 oder 11, Xujiahui, Ausgang 13 | Öffnungszeiten 10–22 Uhr | Tipp Entlang der Hengshan Road stehen zahlreiche Art-déco-Gebäude und -Villen aus den 1920er Jahren. Unter anderem auch das »Liebes-Cottage« (Dongping Road 9) von Chiang Kai-shek und Song Meiling.

66 Das Paramount Theater

Tod einer Taxitänzerin

1933 eröffnete in Shanghai der erste Nachtclub Chinas – das legendäre »Paramount Theater«. Seine in ein Lichtermeer getauchten Tanzsäle, die russischen Musiker, die den seinerzeit so populären amerikanischen Jazz spielten. Die Schönheiten auf den Bühnen und die jungen Frauen, die dafür engagiert waren, mit den männlichen Besuchern zu tanzen. All das machte das Paramount Theater zu einem der angesagtesten Etablissements. Hier traf sich die Elite der Stadt, und so manch eine internationale Berühmtheit hat die eine oder andere Nacht durchgetanzt. Unter ihnen auch Charlie Chaplin.

Getanzt wurde im Shanghai der 1920er und 1930er Jahre viel. Wer nicht tanzen konnte, gehörte nicht zur Gesellschaft. Tanzen war aber Männersache. Die Damen der Gesellschaft tanzten nur dann in der Öffentlichkeit, wenn sie eine westliche Erziehung genossen hatten und tanzen konnten. Tanzwillige Männer mussten daher oftmals auf »Taxi Dancer« zurückgreifen. Eine davon war Chen Mali. Sie gehörte zu den beliebtesten Tänzerinnen ihrer Zeit und war nicht selten der Grund für Rangeleien. 1940 wurde sie im Paramount Theater erschossen. Ob aus Eifersucht oder weil sie sich geweigert hatten, mit einem japanischen Offizier zu tanzen, ist unklar. Sicher ist aber, dass man ihren Geist noch heute nachts im Ballsaal im vierten Stock dabei beobachten kann, wie sie Tanzschritte übt.

Sie ist aber nicht der einzige unruhige Geist, der durch das Paramount Theater geistert. 1990, während der Renovierung des Gebäudes, machte ein Bauarbeiter Bekanntschaft mit einem Poltergeist. Er soll immer wieder Gegenstände aus dem Fenster werfen und dabei auch schon einen Passanten erschlagen haben.

Nachdem das Paramount Theater lange Jahre geschlossen war, wurde es 2017 im alten Glanz wiedereröffnet. Damals wie heute trifft sich die High Society der Stadt auf einen Cocktail oder in einem der Säle zum Tanzen.

Adresse 218 Yuyuan Road, Jing'an District | ÖPNV Metro 2 oder 7, Jing'an Temple Station, Ausgang 1, Huashan Road, links in die Yuyuan Road | Öffnungszeiten 18–24 Uhr | Tipp Ein Tanzclub der ganz anderen Art ist die »Lai Dance Hall« (2/F, 235 Anguo Road) – eine Institution unter den Schwulen Shanghais. Selbstverständlich sind jedoch alle herzlich willkommen (Fr–So, 18–21 Uhr).

67_Das People's Court

Die originale Kopie

Das Kapitol in Washington? Das Weiße Haus? Welches Gebäude stand für das Gerichtsgebäude im Minhang District Modell? Schaut man sich den People's Court genau an, findet man Elemente von beiden. Der Eingangsbereich des 2001 errichteten Gebäudes erinnert mit seinem von Säulen getragenen Vorbau stark an das Weiße Haus. Die Fenster und noch viel mehr an die Kuppel des Kapitols.

In China hat man ein grundsätzlich anderes Verständnis davon, was »Fake« beziehungsweise »Nachahmung« angeht. Die Ursachen dafür finden sich in der Sprache, aber auch in der Geschichte – und in vielen Geschichten. So bedeutet das chinesische Wort »xue« zum einen »Nachahmung«, aber eben auch »Erfolg«.

Eine chinesische Fabel erzählt die Geschichte einer Lerche, die zwei Spatzen darum bittet, für sie zu singen, um von ihnen zu lernen. Weil die Lerche vorher so schön gesungen hatte, nehmen die Spatzen an, dass die Lerche sich über sie lustig machen möchte. Darauf antwortet ihnen die Lerche: »Ihr irrt. Nur weil ich von allen anderen Vögeln gelernt habe, kann ich so gut singen.« Die Spatzen sind zutiefst beschämt, weil sie noch nie daran gedacht hatten, von anderen zu lernen.

Auch das Nachahmen von Gebäuden hat in China eine lange Tradition. Schon vor über 2.000 Jahren, im 3. Jahrhundert vor Christus, ließ Kaiser Qin Shi Huang nach dem Sieg über befeindete Kaiserreiche deren Paläste in seiner Hauptstadt nachbauen. Andere ließen riesige Gärten errichten, in denen Replika von Gebäuden der besiegten Mächte standen. Quasi Vorreiter der heutigen Themenparks. Während früher allerdings nur einzelne Gebäude nachgebaut wurden, werden in China mittlerweile ganze Dörfer kopiert. Das wohl bekannteste Fake-Dorf befindet sich in Guangdong, wo eine exakte Nachbildung des österreichischen Bergdorfs Hallstatt entstanden ist – inklusive maßstabgerechtem Dorfplatz und künstlich angelegtem See.

Adresse 6468 Humin Road, Xinzhuang Town, Minhang District | **ÖPNV** Metro 1 oder 5, Xinzhuang, auf der Shuiqing Road rechts in die Yazhi Road | **Öffnungszeiten** nur von außen zu besichtigen | **Tipp** Der »Hongqiao Pearl Market« (3721 Hongmei Road) ist ein Shoppingparadies für alle Fake-Bewussten, die sich aber nicht dicht an dicht auf dem Fake-Market drängen möchten.

68 Das Plaza 66

Das überdimensionale Räucherstäbchen

Immer wieder kam es beim Bau des Einkaufszentrums Plaza 66 in der Nanjing Road, Shanghais Einkaufsstraße Nummer eins, zu unerklärlichen Verzögerungen. Darüber hinaus ereigneten sich sogar schwere Unfälle. Niemand konnte die Gründe dafür auf den Punkt bringen. Die einzige Erklärung, die aus Sicht aller Beteiligten einigermaßen Sinn machte, war, dass irgendetwas mit dem Feng-Shui nicht stimmen konnte. Also wurde kurzerhand ein Feng-Shui-Meister hinzugerufen. Er untersuchte das gesamte Gebiet und musste feststellen, dass im Fundament des Gebäudes eine Göttin wohnt. Wie sich herausstelle, war sie nicht wirklich davon begeistert, unter einem Wolkenkratzer mit all seinen Luxusgütern begraben zu werden. Also, was tun?

Allen war klar, dass die Göttin besänftigt werden musste, wollte man den Bau ohne weitere Vorkommnisse fortführen. Der Feng-Shui-Meister schlug vor, der Göttin zu Ehren die Form des Gebäudes zu ändern. Seine Idee: Die Türme des Plaza 66 sollten wie überdimensionierte, ewig brennende Räucherstäbchen aussehen. Gesagt, getan. Das Design wurde angepasst und, siehe da, ab diesem Moment gab es keinerlei schwere Unfälle und auch keine Verzögerungen mehr. Das Plaza ist mit seinen 66 Etagen eines der höchsten Gebäude aus Beton auf der Puxi-Seite.

Die Göttin hat sich beruhigt und ist mittlerweile angeblich sogar ein großer Fan all der im Plaza 66 angebotenen Designer- und Luxusgüter geworden. Man sagt, sie finde mittlerweile sogar Gefallen an all dem »Bling-Bling«. Ganz zur Ruhe gekommen ist sie dann aber doch nicht. Zwar passieren keine unerklärbaren Unfälle mehr, aber immer wieder verlaufen sich Besucher im Plaza 66. Scheinbar grundlos irren sie durch die Gänge und können ihren Weg einfach nicht finden. Insbesondere Besucher, die die Treppen nutzen wollen. Vielleicht hat die Göttin aber auch einfach nur einen ganz besonderen Humor. Denkbar wäre es.

Adresse 1266 West Nanjing Road, Jing'an District | ÖPNV Metro 2, 12 oder 13, West Nanjing Road, Ausgang 1 | Öffnungszeiten 10–22 Uhr | Tipp Nur wenige Meter entfernt: das »Shanghai Exhibition Center« (1000 Yan'an Road). Erbaut 1954, ist es ein Geschenk der Sowjetunion an Shanghai. Sein roter Stern ist bei Nacht schon aus großer Entfernung zu sehen.

69 Puschkins Büste

Relikt der Russen in Shanghai

Einige behaupten, es gebe in der Französischen Konzession keine Büsten ausländischer Berühmtheiten. Das stimmt jedoch nicht. Es gibt mindestens zwei. Eine davon ist die des Begründers der modernen russischen Literatur, Alexander Puschkin, und wie so vieles in Shanghai hat auch sie eine bewegte Geschichte hinter sich.

1937 wünschte sich die russische Gemeinde Shanghais zum hundertsten Todestag eines ihrer größten Poeten ein Denkmal. Puschkin war 1837, im Alter von nur 37 Jahren, bei einem Duell verstorben. Die Feierlichkeiten rund um seinen Todestag begannen bereits im Januar und fanden ihren Höhepunkt am 11. Februar 1937 mit der Enthüllung einer hohen Stele, auf der die bronzene Büste Puschkins stand – das Gesicht gen Russland gewandt. Auf der Stele war in mehreren Sprachen zu lesen: 1837–1937, Puschkin – Zum Gedenken an seinen 100. Todestag.

1938 fielen die Japaner in Shanghai ein, und die Büste wurde zu einer Art Wallfahrtsort. Täglich legten die Menschen vor dem Symbol für Unabhängigkeit und Ungehorsam gegenüber der Besatzungsmacht Blumen ab. 1944 wurde es den Japanern zu viel. In einer Nacht-und-Nebel-Aktion demontierten sie die Büste und ließen sie einschmelzen. Nachdem die Japaner Shanghai verlassen hatten, wurde ein Komitee zur Errichtung einer neuen Puschkin-Büste ins Leben gerufen. Innerhalb kürzester Zeit wurde ausreichend Geld gesammelt, und im Oktober 1947 konnte die neue Büste, diesmal aus Kupfer, enthüllt werden. Nur wenige Jahre später verließ ein Großteil der russischen Gemeinde die Stadt, und als während der Kulturrevolution alle ausländischen Kulturgüter zerstört wurden, ging es auch Puschkin an den Kragen.

1987 erschuf der chinesische Bildhauer Gao Yun Long die dritte Büste Puschkins. Sie blickt nach Süden. Gemäß der chinesischen Tradition, Statuen hochverehrter Personen immer mit dem Gesicht zur Sonne hin aufzustellen.

Adresse Kreuzung Fenyang Road/Yueyang Road, Xuhui District | ÖPNV Metro 1, Hengshan Road, Ausgang 4, rechts in Richtung Dongping Road, rechts in die Dongping Road und immer geradeaus bis zur Kreuzung; oder: Bus 49 nach Xuhuiqu, dann zu Fuß zur Kreuzung | Tipp In der Russisch-Orthodoxen Kirche Saint Nicholas (16 Gaolan Road) befindet sich heute einer der schönsten Buchläden Shanghais.

70 Der Qibao-Tempel

Der goldene Buddha und seine Kinder

Nur wenige U-Bahn-Stationen vom Zentrum entfernt, fühlt man sich in der »Ancient City Qibao« mehrere hundert Jahre zurückversetzt. Aber: Qibao ist das Disneyland unter den Wasserstädten. Die Häuser sind lediglich auf alt gemacht. Die Stadtregierung wollte eine Wasserstadt und hat Qibao daher wieder aufgebaut und immer wieder erweitert. Touristen aus allen Teilen Chinas und der ganzen Welt pilgern insbesondere an den Wochenenden dorthin. Sie schlendern durch die schmalen Gassen, probieren »Stinky Tofu«, frittierte Skorpione und Tausendfüßler oder genießen den Tag in einem der zahlreichen sehr authentischen Teehäuser.

Aber Qibao hat mehr zu bieten. Etwas abseits des Trubels gibt es einen buddhistischen Tempel. Direkt neben der Pagode liegt die Figur eines lachenden Buddhas. Überlebensgroß und golden thront er mit seinem dicken Bauch auf einem Podest. In der einen Hand hält er eine Gebetskette, auf der Handfläche der anderen stehen kleine goldene Männchen. Zahlreiche andere rennen, krabbeln, klettern auf ihm herum und stehen oder sitzen einfach nur auf ihm.

Es handelt sich um einen ganz besonderen Buddha: um den Maitreya-Buddha, den Nachfolger des Shakyamuni-Buddha. Er wird gern ohne Oberbekleidung, aber mit einem breiten Grinsen im Gesicht dargestellt – als Teil der Dharma-Lehre im Buddhismus. Er soll die Menschen daran erinnern, dass sie gesegneter sind, je mehr sie ertragen. Außerdem lehrt er der Welt Toleranz. Symbolisch dafür steht sein dicker Bauch. Mit ihm kann er all die Dinge erdulden, die für den Rest der Welt nicht zu ertragen sind, während er gleichzeitig über all die lächerlichen Menschen auf der Welt lacht.

Der Maitreya-Buddha ist aber auch der Buddha der Zukunft und somit der Kinder. Als der große kommende Weltlehrer zeigt sich seine unermessliche Toleranz insbesondere in seinem Umgang mit Kindern, die wild auf ihm spielen.

Adresse 1205 Xinzhen Road, Minhang District | ÖPNV Metro 9, Qibao, Ausgang 2, Richtung Süden zur »Old Town« | Öffnungszeiten 9–18 Uhr | Tipp Auf dem Gelände des Tempels befindet sich ein vegetarisches Restaurant. Die Gerichte sind einfach, aber sehr lecker.

71 Der Qingjia Palace

Das hässlichste Gebäude Chinas – Platz acht

Ein riesiger Felsen. Mitten in Shanghai. In den Felsen hineingebaut: ein Hochhaus. Ebenerdig Geschäfte, in den oberen Etagen Wohnungen. Die Fenster und Balkone sehen aus, als wären sie direkt aus dem Felsen geschlagen. Aber wo kommt der Felsen her? Weit und breit gibt es keine Berge und schon gar nicht solche Felsen. Erst wenn man näher kommt, sieht man, dass es sich um einen Fake-Felsen handelt. Nichts an ihm ist echt. An der einen oder anderen Stelle bröckelt er schon und erlaubt einen Blick hinter die Fassade, auf die Konstruktion.

Verantwortlich für den Bau der zwei Appartementhochhäuser im Felsen ist die Wohnungsbaugesellschaft Qingjia. Ihr zufolge sollten die zwei 28 Etagen hohen Gebäude ihren Bewohnern einen »authentischen Bergblick« bieten. Inwieweit das gelungen ist, können nur die Bewohner beantworten. Definitiv gelungen ist es den Bauherren aber, auf die Liste der zehn hässlichsten Gebäude Chinas zu kommen. Auf einer der großen chinesischen Social-Media-Plattformen wurde der Qingjia Palace vor einigen Jahren auf Platz acht der hässlichsten Gebäude Chinas gewählt.

Um sich dafür zu »qualifizieren«, musste das Gebäude eine ganze Reihe von Kriterien erfüllen: Erstens große Diskrepanz zwischen Design und Funktion. Das Gebäude wurde zweitens nicht im Einklang mit der Umgebung designt. Das Gebäude ist drittens eine »Raubkopie«. Viertens idealisiert es die westliche oder die alte chinesische Kultur. Fünftens klaut es bei anderen berühmten Designs Ideen. Sechstens nutzt das Design unangebrachte Metaphern oder Symbole. Siebtens ist seine Formgebung seltsam. Und so weiter und so fort.

Die Frage, ob es sich bei dem Gebäude um eine Geschmacksverirrung handelt, darf jeder für sich beantworten. Bedenkt man, dass in Shanghai zwischen 1990 und 2004 85 Millionen Quadratmeter gewerbliche Fläche entstanden, dann bleibt die eine oder andere Bausünde eben nicht aus.

Adresse 1258 Changde Road, Putuo District | ÖPNV Metro 1 oder 7, Changshou Road, Ausgang 2 | Öffnungszeiten nur von außen zu besichtigen | Tipp Nicht ganz um die Ecke, aber der Weg lohnt sich: Das Restaurant Hong Qi Lin (727 Anyuan Road) ist bekannt für die größten »shi zi tou« (Löwenkopf-Fleischbällchen) der Stadt.

72 Das Qizhong Forest Sports Center

Magnolien – die Stadtblumen Shanghais

Man erkennt es nicht auf den ersten Blick, aber das Dach des »Qizhong Forest Sports City Tennis Center« ist einer sich öffnenden Magnolie nachempfunden – Shanghais offizieller Stadtblume. Überall im Stadtgebiet findet man Magnolien, und Shanghai hat der Magnolie sogar eine eigene Auszeichnung gewidmet: den »Magnolia Award«. Er wird an Ausländer verliehen, die sich besonders um die Stadt verdient gemacht haben.

Die weiße Blüte der Magnolie ist Chinas Rose. Sie steht für Reinheit, Fruchtbarkeit, Fülle und die weibliche Schönheit. Bereits während der Tang-Dynastie (618–907) pflanzten buddhistische Mönche Magnolien in ihren Tempelgärten. Sie sollten die Meditation, die Selbsterkenntnis und den inneren Frieden fördern. In der traditionellen chinesischen Medizin (TCM) sollen die Knospen gegen Schnupfen und Kopfschmerzen helfen. Und selbstverständlich misst ihr auch das Feng-Shui große Bedeutung zu: Eine Magnolie im Vorgarten soll zu mehr Zufriedenheit führen. Steht sie im hinteren Teil eines Gartens, gilt sie als verborgenes Juwel, das großen Reichtum anzieht.

Die Tennisarena wurde 2005 eigens für die prestigeträchtigen »ATP World Tour Finals« eröffnet. Zum Zeitpunkt der Eröffnung war sie mit 14.000 Sitzplätzen die größte Tennisarena Asiens, wurde aber schon 2007 von dem im Peking errichteten »Olympic Green Tennis Center« abgelöst. Seit 2009 findet in der Qizhong-Arena alljährlich im Oktober das »Shanghai Masters Event«, eines von neun Events der »ATP Tour Masters 1000« statt.

Wer lieber echte Magnolien sehen möchte, sollte auf jeden Fall einen Abstecher in den »Century Park« machen. Dort kann man auf über 6.000 Quadratmetern knapp 300 Magnolienbäume bewundern. Besonders schön ist das im Frühjahr, wenn die Blüten sich öffnen und den Park in ihren betörenden Duft hüllen.

Adresse 5500 Yuanjiang Road, Minhang District | ÖPNV Metro 1, Xinzhuang, weiter mit dem Taxi | Öffnungszeiten nur von außen zu besichtigen | Tipp Wer Lust auf sportliche Betätigung bekommen hat, kann einen Ausflug zum »Aegean Place« (1588 Wuzhong Road) machen. Auf dem Dach der Shoppingmall kann man auf Ponys reiten oder im »Zhilu Ice & Snow Park« Ski fahren, rutschen oder eine Schneeballschlacht veranstalten.

73 Die Qui-Villa

Die wilden Tiere der Qiu-Brüder

Die Qui-Villa, die aus zwei identischen Häusern besteht, war einst der Wohnsitz der Qui-Brüder. Sie waren für ihren luxuriösen Lebensstil, aber auch für ein schon damals außergewöhnliches Hobby bekannt. Sie sammelten exotische Tiere. Seit Jahren versetzen die Geister exotischer Tiere Arbeiter und Besucher in Angst und Schrecken.

Die Qui-Brüder hatten es im Shanghai des frühen 20. Jahrhunderts mit dem Verkauf von Farbe zu einigem Reichtum gebracht. In ihrem Garten, in dem es sogar einen künstlichen See gab, sollen sie unter anderem Tiger, Krokodile, Fasane, Pfauen, Echsen und über 2.000 Tauben gehalten haben. Jeden Tag ließen sie die Tauben über den Dächern Shanghais fliegen – bis die Brüder eines Tages auf mysteriöse Weise verschwanden. Die Tiere waren sich selbst überlassen. Hungrige Nachbarn sollen einige der Tiere getötet und verspeist haben.

Erstmals berichtete 2009 einer der renommiertesten Nachrichtensender der Welt, CNN, von dem Spuk in der Qui-Villa. Wächter des auf der gegenüberliegenden Seite liegenden Hotels »Vier Jahreszeiten« hatten auf dem verlassenen Gelände der Qui-Villa umherstreunende Tiere gehört, aber auch gesehen. Einige Nachtwächter hatten Bisswunden von Tieren, ohne jemals mit einem Tier in Kontakt gekommen zu sein.

2010 wurde eine Gruppe von Arbeitern damit beauftragt, das alte Gebäude abzureißen. Die Arbeiter waren allerdings schneller wieder draußen, als sie hineingekommen waren. Übersät mit Verletzungen, die aussahen wie Tierbisse. Am darauffolgenden Tag ging ein Arbeiter mit einem Hammer auf seinen Vorgesetzten los. Angeblich hatte ihn eine Echse dazu angestiftet. Spätestens seit diesem Vorfall zweifelt niemand mehr an der Wahrheit der Geschichte. Die verängstigten Arbeiter weigerten sich, das Gelände wieder zu betreten. Die Pläne, das Haus einzureißen, wurden verworfen und die Villa stattdessen renoviert.

Adresse 387–389 Weihai Road, Jing'an District | ÖPNV Metro 2, 12 oder 13, West Nanjing, Ausgang 8 | Öffnungszeiten nur von außen zu besichtigen | Tipp Im Shanghai Zoo (2381 Hongqiao Road) kann man all die Tiere, deren Geister man hier gesehen hat, noch mal in Fleisch und Blut bewundern.

74 Das Rabbit Moon House

Kaffee mit Kaninchen

Auf der South Shaanxi Road geht es durch eine Toreinfahrt in eine kleine Gasse mit Einfamilienhäusern. Bewohner sitzen vor ihren Häusern, halten ein Schwätzchen mit den Nachbarn, hängen ihre Wäsche auf oder machen Sport auf den typischen Trimm-dich-Geräten, die fest verankert in fast jeder Gasse stehen. Der Trubel der geschäftigen Café- und Shopping-Straße ist plötzlich weit weg, und es geht gemächlich zu.

Noch ruhiger ist es im Haus Nummer 96, in dem Meister Lampe das Sagen hat. Das Café ist funktional eingerichtet: Holzkisten mit Kissen für die Gäste. Davor weitere Holzkisten – als Tische. An den Wänden Bilder von Hasen. Die Kaninchen hüpfen fröhlich durch das Café oder sitzen in kleinen Ställen. Wer sie streicheln und füttern möchte, zahlt eine Gebühr, in der aber auch schon der Preis für ein Getränk enthalten ist. Selbstverständlich gibt es alles, was man braucht, um sich mit den Kaninchen in Szene zu setzen: lange rosa Hängeplüschöhrchen, ein Haarreif mit lila Häschenohren, große und kleine Plüschhasen und andere nette Dinge, die in China das perfekte Foto ausmachen. Im kleinen Verkaufsraum nebenan gibt es Postkarten, Tinnef aller Art und Süßigkeiten. Darunter selbstverständlich die »White Rabbit«-Karamellbonbons. Eine Spezialität, die schon seit 1943 in Shanghai hergestellt wird. Unbedingt probieren!

Der Name des Cafés wurde in Anlehnung an eine chinesische Legende ausgewählt: Drei Unsterbliche kamen in der Gestalt von armen Alten auf die Erde. Dort trafen sie auf einen Fuchs, einen Affen und das Kaninchen und baten um Nahrung. Der Fuchs und der Affe gaben ihnen Fleisch, Gemüse und Nüsse. Das Kaninchen hatte nur Gras. Also sprang es ins Feuer, das die drei Weisen gemacht hatten und wollte sich opfern. Die Unsterblichen waren so von der Tat beeindruckt, dass sie das Tier zum Mond in den Jade-Palast schickten, wo ihm ebenfalls die Unsterblichkeit zuteilwurde.

Adresse 39 South Shaanxi Road, Long (Haus) Nr. 96, Huangpu District | **ÖPNV** Metro 1, 10 oder 12, South Shaanxi Road | **Öffnungszeiten** 12–20 Uhr | **Tipp** Wer lieber Katzen streicheln will, kann dies im »Le Chaton Coffee House« (16 Gaolan Road) machen.

75 Rabindranath Tagore

Der indische Poet, der China liebte

Literaturnobelpreisträger Rabindranath Tagore (1861–1941) ist nur noch wenigen Menschen im Westen bekannt. Umso bekannter ist er allerdings in China. Tagore besuchte China und Shanghai insgesamt drei Mal, jeweils für mehrere Monate. Aber trotz der engen Bindung dauerte es bis 2010, bis ihm zu Ehren in Shanghai seine Büste enthüllt wurde. Sie ist, neben jener von Alexander Puschkin, die einzige Büste eines nicht-chinesischen Schriftstellers in der ehemaligen Französischen Konzession.

Schon früh setzte sich der bengalische Gelehrte für ein gutes Verhältnis zwischen Indien und China ein. Bereits im Alter von 20 Jahren schrieb er ein Essay mit dem Titel »Chine Maraner Byabasay« (Das Geschäft der Briten mit der Ermordung von Menschen in China). Er kritisiert die Strategie der Briten, Opium in Britisch-Indien zu produzieren und in China zu verkaufen. Ein Fakt, der viele Inder, Tagore eingeschlossen, sehr irritierte und fatale Folgen für viele Menschen im Reich der Mitte hatte. 1913, er hatte soeben den Nobelpreis verliehen bekommen, appellierte er an die Chinesen, an die Rückkehr der Glanzzeiten des Ostens zu glauben. Er war davon überzeugt, dass die indische und die chinesische Kultur auf sehr ähnlichen Konzepten basieren. Ähnlich in der Sache, unterschiedlich in der Sprache: Die Worte »vasudhaiva kutumbakam« stehen in Sanskrit für »eine Familie«, und das chinesische »shi jie da tong« bedeutet »universelle Bruderschaft«.

Chen Duxiu, Mitbegründer der Kommunistischen Partei Chinas, übersetzte Tagores preisgekröntes Werk »Gitanjali« 1915 ins Chinesische. Die Übersetzung zahlreicher weiterer Werke sollte folgen. Mittlerweile ist er nach Shakespeare der meistübersetzte und einer der meistgelesenen Autoren. Selbst während der Kulturrevolution gehörten seine Werke zu den ganz wenigen ausländischen, die ins Land geschmuggelt und weiterhin im Untergrund gelesen wurden.

Adresse South Maoming Road, Ecke Nanchang Road, Jing'an District | **ÖPNV** Metro 1, 10 oder 12, South Shaanxi Road | **Öffnungszeiten** nur von außen zu besichtigen | **Tipp** Wer sich für den Weg mit einer Shanghaier Spezialität stärken möchte, sollte die Fleischbällchen im »Dian Shi Zhai« (320 Yongjia Road) probieren.

76_Die Reisfelder

Bilderbuch-China am Stadtrand

Auf der einen Seite das hochmoderne Shanghai mit seinen futuristischen Gebäuden und den höchsten Wolkenkratzern der Welt. Eine Stadt, die atemberaubende Architektur hervorgebracht hat. Eine Stadt, in der alles ein Superlativ sein muss. Alles größer, höher, glanzvoller, schneller als im Rest der Welt. Auf der anderen Seite jahrtausendealte Traditionen. Menschen, die auf der Straße Feueropfer bringen, um die Götter mild zu stimmen. Und an den Rändern der Stadt: Ackerbau und Reisfelder. Willkommen in der Weltmetropole der Gegensätze!

Es ist nicht lange her, da wurde dort, wo heute der »Oriental Pearl Tower«, der »Jintao Tower«, das »Shanghai World Financial Center« und der »Shanghai Tower« stehen, Reis angebaut. Pudong war damals noch eine Ansammlung kleiner Dörfer mit Ackerland so weit das Auge reichte. Nicht viel anders sah es um Shanghai herum aus. Das sollte sich aber schnell ändern. Einer Statistik zufolge standen 2009 ein Viertel aller weltweit verfügbaren Kräne in Shanghai. Vergleicht man Bilder aus den 1990er Jahren mit denen von heute, besteht kein Zweifel an dem Wahrheitsgehalt dieser Statistik.

Aber trotz des Baubooms gibt es noch immer solche Reisfelder ganz in der Nähe des heutigen Finanzzentrums. Rund um die Metropole ist das Land auch heute noch ideal für den Reisanbau. Überall durchziehen kleinere und größere Flüsse die Landschaft. Ideale Anbaubedingungen. Unweit des Zentrums ist das Bilderbuch-China, wie es den meisten von uns in den Sinn kommt, wenn wir an das Reich der Mitte denken, erhalten geblieben: Lange Reihen von Reisbüscheln wiegen sich im Wind, während die Bauern mit ihren vor den Pflug gespannten Ochsen durch das knietiefe Wasser pflügen. Die Reispflanzen leuchten je nach Reifegrad neongrün, wenn die Sprossen noch jung sind, in sattem Jadegrün, wenn die Pflanzen reif sind, oder braun, wenn der Reis abgeerntet wurde.

Adresse Dongfanghong Bridge – Zhutian Road, Ecke Zhufeng Highway (S225) | **ÖPNV** Metro 17, Oriental Land, weiter mit dem Taxi | **Tipp** Shanghai hat sich seit den 1980er Jahren rasant entwickelt. Einen guten Einblick in die Entwicklung erhält man in der »Urban Planning Exhibition Hall« (100 Renmin Da Dao). Unbedingt das Modell der Stadt anschauen!

77_Das Rui Fu Yuan

Essen wie die Shanghaier

Schon beim Betreten des Restaurants hört und sieht man, dass es bei den Einheimischen äußerst beliebt sein muss. Die runden Tische sind alle voll besetzt und biegen sich schon fast unter der Last des Essens. Mittags sitzen die Älteren gemütlich beisammen und unterhalten sich lautstark über die Tische hinweg, abends die Familien.

Das »Rui Fu Yuan« mitten in der Französischen Konzession ist der ideale Ort, um in die Küche Shanghais, aber auch in die Sitten, Bräuche und Gepflogenheiten der Chinesen zu Tisch einzutauchen. Die Essensgewohnheiten in China sind nichts für schwache Mägen. Wer hier ein Geflügel- oder Fischgericht bestellt, muss sich auf zwei Besonderheiten gefasst machen: Zum einen wird das Fleisch nicht von den Knochen oder Gräten entfernt. Stattdessen werden das Huhn oder der Fisch als Ganzes zerhackt und dann zubereitet. Durchaus herausfordernd, wenn es letztendlich darum geht, ein solches Gericht zu verspeisen.

Die zweite Herausforderung: Die Chinesen essen das gesamte Tier – von den Füßen beziehungsweise Flossen bis zum Kopf. Der Kopf und die Füße sind für die Chinesen sogar die edelsten Stücke. Viele Chinesen sind der festen Überzeugung, dass das Essen eines Fischkopfes schlau macht. Vor Klausuren essen Schüler deshalb besonders gern mal eine Fischkopfsuppe. Ihn nicht zu servieren, kommt gar einem Affront gleich.

Die Spezialität des Rui Fu Yuan allerdings sind die von der Ningbo-Küche inspirierten Gerichte aus Fisch und Meeresfrüchten. Unbedingt probieren sollte man »Xiǎo yú húntún tāng«, eine Suppe, in der mit Schattenfisch gefüllte Wontons schwimmen. Auch zum Niederknien: »Hǎi guāzǐ« – frittierte kleine Muscheln mit Ingwer, Schnittlauch und Knoblauch sowie je einem Spritzer Sojasauce und Essig. Und nicht zu vergessen: »Xièfěn shēng jiān« – die typischen Shanghaier »Dampfnudeln«, gefüllt mit Schweine- oder Krabbenfleisch.

Adresse 132 North Maoming Road, Jing'an District | **ÖPNV** Metro 1, 10 oder 12, South Shaanxi Road | **Öffnungszeiten** 11–14 Uhr und 17–21.30 Uhr | **Tipp** »Erguang Wanton« bedeutet so viel wie: »So lecker, ich würde es noch nicht mal ausspucken, wenn man mich schlagen würde.« Im gleichnamigen Restaurant gibt es genau solches Essen (109 Huangjiaque Road).

78 Die Sanpailou Road

Drei Ehrenbögen für den Vater

Am Eingang zur Sanpailou Road steht ein riesiger steinerner Torbogen. Es handelt sich aber nicht um irgendeinen Torbogen, sondern um einen von ursprünglich drei Ehrenbögen, die der Straße ihren Namen gegeben haben. Denn »Sān« (drei), »Páilóu« (Ehrenbogen) und »Lǔ« (Straße), das heißt nichts anderes als »Straße der drei Ehrenbögen«.

Errichtet wurden die drei Bögen von den Brüdern Liu Yu und Liu Chen in der Tianshun-Ära (1457–1464) während der Ming-Dynastie (1368–1644). Sie wollten damit ihren Vater Liu Dun ehren, der zu Unrecht in Ungnade gefallen war.

Liu Dun war einer von mehreren Söhnen der Familie Liu, die während der Ming-Dynastie in Shanghai lebte. Der älteste der Söhne, Liu Xian, war in Beijing wegen Korruption zu einer Gefängnisstrafe verurteilt worden. Um die Ehre der Familie zu retten, bestach Xians jüngerer Bruder, Liu Dun, die Gefängniswärter und trat für seinen Bruder die Strafe an. Während Dun stellvertretend die Strafe absaß, kehrte Xian nach Shanghai zurück und erzählte, Dun sei ums Leben gekommen. Ein Zufall sorgte aber dafür, dass das Gute letztlich doch noch siegen konnte. Das Justizministerium in Beijing war auf der Suche nach einem guten Kalligrafen. Die Wahl fiel auf Liu Dun. Den zuständigen Beamten erzählte Dun dann auch, dass er anstelle seines Bruders die Strafe absaß. Die Beamten waren gerührt von der Geschichte, und Dun wurde begnadigt.

Zurück in Shanghai kam die Wahrheit ans Licht, und Liu Xian verließ die Stadt. In Erinnerung an diese Geschichte errichtete Liu Duns Sohn Liu Yu zwei Ehrenbögen. Den »Yīng kuí fāng« – in Anspielung darauf, dass sein Vater auf Anfrage des Justizministeriums geschrieben hatte. Und den »Zhōu jǐng fāng« – als Erinnerung an die glorreiche Heimkehr seines Vaters nach Shanghai. Auch Liu Yus Sohn Liu Chen errichtete einen Ehrenbogen, den »Qīng xiàn fāng«, der allerdings nicht mehr steht.

Adresse Sanpailou Road, Huangpu District | ÖPNV Metro 10, Yuyuan Garden, Ausgang 3, South Henan Road, rechts in die Fuyou Road, rechts Jiuxiaochang Road, links Fangbang Middle Road, rechts Sanpailou Road | Tipp Die restaurierten Reste der alten Stadtmauer Shanghais finden sich ganz in der Nähe (269 Dasing Road, Museum täglich 9–16.30 Uhr).

79 Die Säule der neun Drachen

Drachen sind stolze Kreaturen

Inmitten eines Wirrwarrs von Straßen, Kreuzungen und Hochstraßen steht am Knotenpunkt der Yan'an Road und North Changdu Road eine ganz besondere Säule. Tausende Autos und mindestens so viele Fahrräder und E-Scooter fahren täglich an der silbernen Säule mit den goldenen Drachen vorbei. Allerdings wird sie von den wenigsten beachtet. Dabei ranken sich um die Säule nicht nur zahlreiche Drachen, sondern auch eine Legende. Denn genau an dieser Stelle befindet sich die Höhle des Beschützers von Shanghai.

Die immensen Bauarbeiten an der Großbaustelle Yan'an-Hochstraße (1995–1999) verliefen relativ reibungslos, bis sie an ihrem Dreh- und Angelpunkt rund um die North Changdu Road ankamen. An der Stelle, wo die zentrale Säule stehen sollte, ließ sich einfach kein Loch graben. Egal, welche Gerätschaften aufgefahren wurden.

Nachdem zahlreiche Bauingenieure keine Erklärung für den unnachgiebigen Boden finden konnten, wurde ein Priester zu Rate gezogen. Etliche überaus lange Gebete später kam der Priester zu dem Schluss, dass es sich um ein eher ungewöhnliches Problem handele. In der Erde unter der Baustelle schlafe nämlich ein Drache. Die Bauarbeiten hätten ihn geweckt, und er sei so erbost, dass er sich entschlossen habe, die Bauarbeiten zu behindern.

Der Priester erklärte weiter, Drachen seien sehr stolze Kreaturen. Eine einfache, aber noble Geste zu Ehren des Drachen würde ihn jedoch wieder zum Schlummern bringen und die Bauarbeiten könnten fortgesetzt werden. Das Bauunternehmen folgte dem Rat des Priesters und ließ eine Säule entwerfen, die den Drachen seither ehrt. Noch heute sind viele Shanghaier davon überzeugt, dass der Drache Shanghai beschützt. Manchmal sogar vor Taifunen. Der Mönch soll wenige Tage später auf mysteriöse Weise verstorben sein. Angeblich, weil er verraten hatte, wo der Drache wohnt.

Adresse Yan'an Road, Kreuzung North Changdu Road, Jing'an District | **ÖPNV** Metro 1, South Huangpi Road, Ausgang 1 auf der South Chongqing Road Richtung Yan'an Elevated Road | **Tipp** Wer wissen möchte, wo Drachen im Wasser spielen, sollte sich den Drachen-Pool im Huilongtan-Park anschauen (299 Tacheng Road in Jiading).

80 Die Shanghai Concert Hall

Das versetzte Gebäude

Man hat schon mal von Häusern auf Rädern gehört, die je nach Saison an einem anderen Ort aufgestellt werden. Aber dass eine ganze Konzerthalle umzieht, ist schon ziemlich ungewöhnlich. 2003 wurde die Shanghai Concert Hall 68 Meter nach Südosten versetzt. Damals eine Meisterleistung der Ingenieurstechnik.

Die Shanghai Concert Hall war 1930 nach den Plänen der Architekten Zhao Shen und Fan Wenzhao im Stil des Art déco mit neoklassizistischen Elementen erbaut worden. Eher ungewöhnlich zur damaligen Zeit, als Shanghai von westlichen Mächten besetzt war und auch die Architekturszene fest in den Händen großer internationaler Architekten wie Alexandre Léonard aus Frankreich und László Hudec aus Ungarn war.

Ursprünglich ein Kino, wurde das Nanking Theater 1959 in ein Konzerthaus umfunktioniert. Konzertgrößen aus der ganzen Welt traten dort gemeinsam mit dem Shanghai Sinfonie Orchester auf. Sie alle rühmten die Akustik. Immer öfter mischte sich aber die Geräusche der auf der angrenzenden Yan'an Road vorbeifahrenden Autos unter die Musik. Als auch noch die Yan'an Elevated Road zu einer der Hauptverkehrsadern Shanghais ausgebaut wurde, musste die Shanghai Concert Hall 2003 weichen. Man beschloss kurzerhand, sie zu versetzen.

In einem ersten Schritt stabilisierten die Ingenieure über sieben Monate zunächst das gesamte Gebäude. Weil das Fundament nicht aus einem Guss war und das 5.800 Tonnen schwere Gebäude nicht über einen eingebauten Rahmen verfügte, wurde es für den Transport auf ein 1.800 Tonnen schweres Betontablett gestellt. 59 Zylinder mit einer Kapazität von je 200 Tonnen sowie vier Hydraulikpumpen hoben die Konzerthalle 1,7 Meter an. In den folgenden zwölf Tagen wurde das Gebäude Zentimeter um Zentimeter in südöstliche Richtung bewegt. Am Zielort angekommen, musste es nochmals 1,68 Meter angehoben werden, um es in das neue Fundament einlassen zu können.

Adresse 523 East Yan'an Road, Huangpu District | ÖPNV Metro 8, Dashijie, Ausgang 4 | Öffnungszeiten nur mit Termin zu besichtigen (www.shanghaiconcerthall.org) | Tipp Auch die »Shanghai Symphony Hall« hat eine interessante Geschichte. Einer ihrer Konzertsäle war früher ein Schwimmbad, wie unschwer an der Form zu erkennen (1380 Fuxing Middle Road).

81 Shanghai in Miniatur

Der Grundriss Shanghais als Park

Dort, wo früher die Gummifabrik »Ta Chung Hua« ihre Produktion und die Plattenfirma Pathé ihren Hauptsitz hatte, schlängelt sich heute ein kleines Flüsschen durch den 86.000 Quadratmeter großen Xujiahui-Park. Lediglich der Schornstein der Fabrik am Aufgang zur Brücke und die Villa Rouge erinnern noch an die früheren Zeiten. Über dem Flüsschen verläuft auf 200 Metern eine Brücke mit Blick auf das Zentrum des Parks – einem runden Platz, auf dem es immer lebhaft zugeht. Allmorgendlich und allabendlich finden sich die Turn- und Tanzgruppen aus der näheren Umgebung ein, um sich gemeinsam sportlich zu betätigen. Mittags treffen sich die Geschäftsleute während ihrer Mittagspause, und die Großeltern sitzen mit ihren Enkeln auf den Parkbänken und essen einen kleinen Snack oder spielen Federball.

Auf den ersten Blick ist es ein gewöhnlicher Park. Aber er birgt doch ein Geheimnis: und zwar in seinem Grundriss. Allerdings muss man wissen, worum es geht, um es zu erkennen. Der Xujiahui-Park wurde nämlich als Miniatur-Shanghai angelegt. Das Flüsschen, das auf der der Zhaojiaobang Road zugewandten Seite fließt, ist dem Huangpu nachempfunden. Der runde Platz symbolisiert das alte Stadtzentrum Shanghais: Laoximen – wo die Menschen bis vor Kurzem noch eng aufeinander lebten, aber immer mehr den neuen, großen Wolkenkratzern weichen mussten. Die Brücke, von der aus man fast den gesamten Park überblicken kann, ist die Miniaturausgabe der Yan'an Elevated Road, wie sie am Bund verläuft. Zumindest fast, denn sie entspricht dem geplanten Verlauf von 2000, dem Jahr, in dem der Xujiahui-Park errichtet wurde.

Der Name des Stadtteils und somit auch des Parks geht auf Xu Guangqi (1562–1633), einen den größten Wissenschaftler, Mathematiker, Astrologen und Agrarier des alten China zurück. Er soll der Erste gewesen sein, der Erkenntnisse europäischer Wissenschaftler nach China gebracht hat.

Adresse 889 Zhaojiabang Road, Xuhui District | ÖPNV Metro 1, Xujiahui, Ausgang 13, auf der North Caoxi Road Richtung Park | Öffnungszeiten immer | Tipp Der Guangqi-Park direkt nebenan ist ganz eben jenem Wissenschaftler und ersten Konvertiten zum christlichen Glauben, Xu Guangqi, gewidmet.

82 Die Sheshan-Basilika

Chinas einziger christlicher Wallfahrtsort

Die Sheshan-Basilika ist schon von Weitem sichtbar. Das war nicht immer so. Ursprünglich stand an dieser Stelle nur eine kleine Kapelle mit einer Madonnenstatue. Jesuiten hatten sie 1863 auf dem ehemaligen Gelände eines buddhistischen Klosters erbaut. 1870 wurde die Kapelle durch eine Kirche ersetzt, und obwohl alle Materialien von chinesischen Arbeitern auf den Berg geschleppt werden mussten, war der Bau in nur zwei Jahren fertiggestellt.

1925 wurde die Kirche wieder abgerissen. Die Priester waren der Meinung, sie sei im Vergleich mit anderen Kirchen nicht schön und nicht groß genug. Eine neue, schönere und größere Kirche musste her. Heute ist die Basilika, 109 Meter über dem Meeresspiegel, nicht nur das höchstgelegene und größte Marienheiligtum im Osten Asiens, sondern zugleich auch Chinas einzige Pilgerstätte für Katholiken.

Nachdem Papst Pius IX. 1874 erklärt hatte, dass alle, die im Marienmonat zur Basilika pilgern würden, einen vollständigen Ablass erhalten würden, machten sich die ersten Katholiken aus ganz China auf den Weg. Zu Fuß und auf dem Wasser. Viele Gläubige aus der näheren Umgebung waren Fischer und kamen mit ihren Booten. Noch heute sind die Flüsse rund um Sheshan voll von Booten mit Pilgern. Denn obwohl sich heute nur sieben Prozent der Chinesen als gläubig bezeichnen, kommen alljährlich im Mai Zehntausende hierhin. Insbesondere am 24. Mai, zum Fest »Maria, Hilfe der Christen«, erklimmen viele Pilger den Berg entlang der 14 Stationen des Kreuzweges auf Knien, um so für ihre Sünden zu büßen.

Obwohl der Weltgebetstag für China speziell der Muttergottes von Sheshan geweiht ist, dürfen nicht alle Christen Chinas an diesem Tag uneingeschränkt zu ihrem Heiligtum pilgern. Wer nicht aus der Diözese Shanghai kommt, benötigt eine Sondergenehmigung. Die katholische Kirche in China wird, wie jede andere Glaubensrichtung auch, staatlich kontrolliert.

Adresse Peak of Xiqiao Mountain Park, 9142 Qingsong Road, Songjiang District | ÖPNV Metro 9, Sheshan, Ausgang 2, weiter mit Bus oder Taxi | Öffnungszeiten 8–16.30 Uhr | Tipp Das »Sheshan Observatory« unterhalb der Basilika ist eine der ältesten Sternwarten Chinas (8.15–17 Uhr).

83 Das Shikumen Open House Museum

Weltliteratur aus der Kammer

Ein Besuch des angesagten Viertels Xintiandi lohnt sich nicht nur wegen der 2001 renovierten Shikumen-Häuser, in denen heute zahlreiche Shops und Restaurants untergebracht sind. Hier befindet sich auch das »Shikumen Open House Museum«, das zeigt, wie wohlhabende Shanghaier Familien in den 1920er und 1930er Jahren gelebt haben. Typisch für diese Häuser und gleichzeitig wenig bekannt: das Tingzijian. Eine kleine, dunkle Kammer in der Biegung der Treppe, zwischen dem Erdgeschoss und der ersten Etage, oberhalb der Küche und unterhalb der Dachterrasse.

Es war nicht das beste Zimmer im Haus. Ursprünglich für Hausangestellte gedacht, war es in diesem nach Norden ausgerichteten Zimmer im Winter bitterkalt und im Sommer unerträglich heiß. Als aber während der 1920er Jahren viele Intellektuelle vom Land in die internationalen Niederlassungen der Stadt flohen, um Schutz vor politischer Verfolgung zu suchen, konnten sie sich in aller Regel nicht mehr als die Miete für solch eine kleine Kammer leisten. Aber Shanghai galt als das Zentrum der Intellektuellen. Wer etwas auf sich hielt, lebte hier. Hier waren die Verlagshäuser angesiedelt. Hier rebellierte man gegen alles Althergebrachte und gab sich progressiv.

Zahlreiche berühmte chinesische Autoren, darunter Lu Xun, Cai Yuanpei, Guo Moruo, Mao Dun, Ba Jin, Ding Ling und Feng Zikai, haben in einer dieser spärlich, aber durchaus funktional mit Schreibtisch, Bett und Kommode ausgestatteten Kammern gelebt. In ihren Romanen beschrieben sie auch das Leben der einfachen Leute in der Stadt, ihr Leben im Tingzijian sowie das Leben im Shikumen-Haus und prägten so den Begriff »Tingzijian-Literatur«.

Was die Ausstellung besonders macht, sind die Gegenstände – alles Originale aus der damaligen Zeit. Man könnte fast meinen, die Bewohner wären nur kurz außer Haus.

Adresse 181 Taicang Road, Huangpu District | ÖPNV Metro 1, South Huangpi Road | Öffnungszeiten 11–23 Uhr, Eintritt 20 Renminbi | Tipp Das kleine »Shikumen Family Museum« (Nr. 35, Lane 38, Yongkang Road) wird privat von einem Shanghaier Professor betrieben und hat nur samstags (9.30–11 und 13–16 Uhr) geöffnet.

84 Das Shimao Wonderland

Der erste Groundscraper der Welt

Wer meint, man könne Häuser nur in die Höhe bauen, sollte sich einen Tagesausflug nach Songjiang in das »Shimao Wonderland« gönnen. Das Hotel der Intercontinental-Gruppe, etwa eine Stunde vom Stadtzentrum Shanghais entfernt, ist das erste Fünf-Sterne-Hotel in einem Steinbruch und gleichzeitig der erste »Groundscraper« der Welt: 16 Etagen, 88 Meter tief gebaut.

Alle Hotelzimmer verfügen über einen Balkon mit Blick auf den Steinbruch und den Wasserfall, der sich übermütig in die Tiefe stürzt. Wer nicht übernachten will, kann den Blick vom Bistro aus genießen. Kein Muss, aber ein Kann und sehr empfehlenswert: der Brunch, den es nicht nur am Wochenende gibt.

Fertiggestellt im November 2018, ist das von dem britischen Architekten Martin Jochman entworfene Gebäude eine Meisterleistung in vielerlei Hinsicht. Seine zugleich konkave und konvexe Form, die sicherlich nicht zufällig an das chinesische Yin und Yang erinnert, fügt sich perfekt in den Steinbruch. Um dies zu bewerkstelligen, bedurfte es einiger innovativer Ideen, von denen 41 sogar patentiert wurden. Auch bemerkenswert: das Nachhaltigkeitskonzept. Ein Großteil des Dachs ist mit großzügigen Rasenflächen und Bäumen begrünt und fügt sich nahtlos in die Umgebung ein. Lediglich zwei der 18 Etagen sind oberirdisch. Das Mikroklima, das sich daraus ergibt, sowie die thermalen Eigenschaften des Gesteins sorgen dafür, dass es im Gebäude im Sommer kühl und im Winter warm ist.

Die eigentlichen Highlights des Hotels befinden sich auf den zwei Unterwasser-Etagen. Sechs Suiten, in denen sich vom Bett aus die Fische beobachten lassen. Alternativ bietet sich das Hotelrestaurant »Mr. Fisher« an. Auch dort kann man das Leben im hoteleigenen Meereswasseraquarium beobachten. Über die gesamte Länge des Restaurants schwimmen Haie, Rochen und andere Fische gemütlich hin und her und beobachten die Gäste. Oder umgekehrt?

Adresse 5188 Chenhua Road, Songjiang District | ÖPNV Metro 9, Dongjing Station, weiter mit dem Taxi | Öffnungszeiten immer geöffnet | Tipp Lust auf etwas ganz anderes und unterwegs mit Kindern? Dann sollten Sie den 20.000 Quadratmeter großen »Indoor Smurf Land Theme Park« besuchen (Lane 5088 Chenhua Road, Mo–Fr 9–17 Uhr).

85 Die Speak Low Bar

Eingang finden für Fortgeschrittene

Sie gehört zu den 50 besten Bars der Welt. Gleichzeitig gehört sie aber auch zu den am besten versteckten Bars. Kein Hinweisschild. Nichts weist darauf hin, dass sich hier eine Bar befinden könnte. Allerdings verschwinden in einem Geschäft für Cocktailbedarf auf magische Weise immer mehr Menschen – als wären sie nie dagewesen.

Das »Speak Low« ist eine der zahlreichen »Speakeasy«-Bars (Flüsterbars), von denen es in Shanghai noch immer zahlreiche gibt. Zum Beispiel die »Senator Lounge« oder die »Trade Union«. Ihren Ursprung haben sie in den Zeiten der Prohibition – als es Ausschank nur hinter geheimen Türen gab. Die illegalen Bars waren nur den Insidern bekannt. Von außen waren sie nicht zu sehen. Zwar sind sie heute legal, aber noch immer versteckt. Man muss schon sehr genau wissen, wohin man muss – und dann in aller Regel länger den Eingang suchen.

Die Speak-Low-Bar betritt man durch das Bücherregal des Cocktail-Fachgeschäfts. Durch einen schummrig beleuchteten Gang geht es in den ersten Teil der auf insgesamt vier Etagen verteilten Bar. In dem kleinen, spärlich beleuchteten Raum ohne Fenster gibt es nur wenige Sitz- und Stehmöglichkeiten. Die Getränke müssen über eine Wendeltreppe aus der ersten Etage gebracht werden, was den Raum aber nicht weniger gemütlich macht. In der ersten Etage: gedimmtes Licht und Barmusik. Die Menschen stehen dicht gedrängt. Hinter der Bar etliche Bartender, die mit dem Mixen von Cocktails und Longdrinks beschäftigt sind.

Ab der dritten Etage wird es ruhiger und intimer, denn hier kommt nicht jeder rein. Wer einen Drink oder einen kleinen Snack zu sich nehmen will, muss zunächst einmal das Rätsel um die verschlossene Tür lösen. Dahinter wird es gemütlich. An mehreren Tischen sitzen die Gäste und unterhalten sich angeregt. Auch gern mal über die Tische hinweg. Ganz exklusiv, aber noch einmal ruhiger ist die vierte Etage.

Adresse 579 Fuxing Middle Road, Huangpu District | **ÖPNV** Metro 1, 10 oder 12, South Shaanxi Road, Ausgang 4, auf der Maoming Road bis zur Fuxing Road | **Öffnungszeiten** 19–2 Uhr | **Tipp** Wer keine Lust auf Suchen hat, sollte in die »Sober Company« (99 Yandang Road) gehen. Auch sie wurde in die Liste der 50 besten Bars der Welt aufgenommen.

86 Die St. Mary's Hall

Wo Eileen Chang die Schulbank drückte

Sie gehört zu den berühmtesten Schriftstellerinnen und Drehbuchautorinnen Chinas. Bekannt insbesondere für ihre Porträts des Lebens im Shanghai der 1940er Jahre. Bücher wie »Das goldene Joch« (1950), »Das Reispflanzerlied« (1955) und »Die Klassenkameradinnen« (2020 postum veröffentlich) sind ihrer Feder entsprungen. Die Verfilmung ihrer Kurzgeschichte »Gefahr und Begierde« aus dem Jahr 1979 durch den taiwanesischen Regisseur Ang Lee erhielt bei den Internationalen Filmfestspielen in Venedig 2007 sogar den Goldenen Löwen.

Eileen Chang (auch: Zhang Ailing) wurde am 30. September 1920 in Shanghai geboren, wo sie ihre gesamte Kindheit und Jugend verbrachte, bevor sie 1955 in die USA emigrierte. Ihre Schulbildung erhielt sie auf der Mädchenschule St. Mary, der heutigen »No. 3 Girls' High School« und damals besten Schule für Mädchen in Shanghai. Eltern, die es sich leisten konnten, schickten ihre Töchter auf St. Mary, um sie auf ein Leben in der gehobenen Gesellschaft vorzubereiten.

1851 hat die amerikanische Nonne Emma Jones die Schule gegründet. Bereits ein Jahr zuvor hatte auch Eliza Jane Gillett Bridgman, ebenfalls eine amerikanische Nonne, eine reine Mädchenschule gegründet. Revolutionär in einer Zeit, als die Bildung junger Mädchen noch als überflüssig angesehen wurde. Als Gilletts Schule 1881 das Geld ausging, wurde sie Teil der St. Mary's, die wiederum 1952 mit der McTyeire Girls' School fusionierte und in No. 3 Girls' High School umbenannt wurde.

Eileen Chang drückte in St. Mary's die Schulbank, gemeinsam mit den drei Song-Schwestern, die in der Geschichte Chinas eine entscheidende Rolle spielen sollten. Alle drei waren politisch aktiv und hatten großen Einfluss auf das Geschehen ihrer Zeit. Heute ist die »No. 3 Girls' High School« wieder eine reine Mädchenschule, die einzige in China, und gehört zu den besten Schulen Shanghais.

Adresse 100 Zunyi Road, Changning District | **ÖPNV** Metro 2, Loushanguan Road, Ausgang 1, auf der Loushanguan Road bis zur Changning Road | **Öffnungszeiten** nur von außen zu besichtigen | **Tipp** Eileen Chang hat in mehreren Appartementhäusern gewohnt, auch im »Eddington House«, den heutigen »Changde Apartments« (195 Changde Road), und den »Carlton Apartments«, den heutigen »Changjiang Apartments« (65 Huanghe Road) – beide Art déco.

87 Der Stoffmarkt

Wie der Schlitz in den Qipao kam

Ein Meer aus Farben. Auf mehreren Etagen reiht sich ein Stand an den nächsten. Genau genommen ist der »South Bund Soft-Spinning Material Market« weit mehr als ein Stoffmarkt. Er ist in erster Linie ein Schneidermarkt, und die Schneider hier können selbst außergewöhnlichste Designs nachschneidern. Meist reicht ein Foto als Vorlage. Wer aber sichergehen möchte, bringt ein Kleidungsstück mit, um es nachschneidern zu lassen. Vor den Shops: Kleidungsmuster. In den Shops: lange Tische mit Stoffmustern über Stoffmustern. Wer nicht fündig wird, geht einfach in eine der oberen Etagen und kauft dort den gewünschten Stoff. Die Auswahl ist riesig und die Verkäufer stets hilfsbereit.

Einige Schneider haben sich auf Anzüge oder Kostüme spezialisiert, andere auf bestimmte Materialien, aber fast alle fertigen Qipaos – die traditionellen Kleider der Shanghaier Frauen. Ein Kleidungsstück, das wie kein anderes die Emanzipation der Frauen Shanghais symbolisiert.

Nach dem Sturz der Qing-Dynastie im Jahr 1911 begehrten die Intellektuellen gegen alles Althergebrachte auf. Dazu gehörte auch, dass die Frauen die traditionellen Gewänder nicht mehr tragen wollten. Sie begannen, den Changpao, ein traditionelles Männergewand, für sich zu adaptieren. Zunächst noch etwas lockerer um den Körper sitzend, mit langen, weiten Ärmeln. In den 1930er und 1940er Jahren wurden die Qipaos jedoch figurbetonter und die Seitenschlitze rutschten immer höher. Man erzählt sich über einen Tanzabend im Majestic Hotel, dass eine Tänzerin, die mit ihrem Qipao unmöglich einen Charleston tanzen konnte, kurzerhand die Seitennaht aufschlitzte. Und schon war der Trend gesetzt.

Mit der Machtergreifung der Kommunisten wurden die Qipaos verboten. Sie galten als bourgeois und zu modern. Das ging so weit, dass in Shanghais Straßen Patrouille gelaufen wurde, um sicherzustellen, dass niemand einen Qipao trug.

Adresse South Bund Soft-Spinning Material Market, 399 Lujiabang Road, Huangpu District | ÖPNV Metro 9, Xiaonanmen Station, Ausgang 2, Zhonghua Road, links in die Dongjiadu Road, rechts in die Fugu Street über die Dongjiangyin Road in die Liushi Road | Öffnungszeiten 9–18 Uhr | Tipp Im Stoffmarkt »Shi Liu Pu Cloth Market« (168 Dongmen Road) überwiegen die Stoffhändler, Schneider gibt es kaum.

88 Die Terra Natura

Als die Engel blass wurden

Mitten im »Lujiazui Central Greenland«-Park steht eine der größten Kupferskulpturen Shanghais: die »Terra Natura«. Die zwei 15 Meter hohen, weißen Engel ohne Gesicht machen den Eindruck, als würden sie mit ausgebreiteten Flügeln elegant über den Park schweben. Sie strahlen Ruhe aus und stehen damit in starkem Kontrast zu der Geschäftigkeit in den Wolkenkratzern des Finanzviertels. Laut der Künstlerin Wu Ching-ju, die die Engel erschaffen hat, sind sie eine Hommage an Mutter Natur.

Die Skulptur setzte sich in einer Ausschreibung um das Wahrzeichen des Parks gegen mehr als tausend Vorschläge durch. Ursprünglich hatte Wu die Vision, dass um die Engel Müll angehäuft und das Werk »Auf der Suche nach einer Oase« betitelt werden sollte. Eine Idee, die allerdings nicht bei allen auf Begeisterung stieß. »Im Leben nicht!«, hieß es von den Stadtvertretern, sonst entstehe der Eindruck, Shanghai sei eine große Müllhalde. Wu musste ihre Idee überdenken und bekam für ihre »Terra Natura« den Zuschlag.

Wu und die Halcyon-Galerie fühlten sich so geehrt, dass sie das Werk im Wert von circa 20 Millionen Renminbi spendeten. Am 12. August 2011 wurde die Skulptur feierlich enthüllt. Leider blieb sie aber nicht einmal einen einzigen Tag unversehrt. In der Nacht auf den 13. August prasselte der berüchtigte Shanghaier »plum rain« herab. Der Regen war so intensiv, dass sich an einigen Stellen die weiße Farbe ablöste. Auch in den folgenden Tagen regnete es, und langsam, aber sicher wurden die Flügel und Rücken der magischen Wesen gelb. An einigen Stelle fingen sie sogar schon an zu rosten. Fasste man die Statuen an, klebte weißer Puder an den Händen.

Die Halcyon-Galerie gestand ein, die Wetterbedingungen nicht ausreichend bedacht zu haben. Schnell wurden die angeschlagenen Engel mit widerstandsfähiger Farbe neu versiegelt. Seitdem erstrahlen sie in neuem Glanz – bis heute.

Adresse Lujiazui Central Greenland, Pudong District | **ÖPNV** Metro 2, Lujiazui, Ausgang 5 | **Öffnungszeiten** 5–17 Uhr | **Tipp** Entlang der gesamten Century Avenue gibt es zahlreiche weitere Skulpturen. Darunter »Century Twilight«, neun überdimensionierte Sanduhren, und »The Light of the East«, eine überdimensionierte Sonnenuhr.

89_Thames Town

Die Shanghaier Truman Show

Schon an der Zufahrtsstraße nach Thames Town verlässt man China vermeintlich. Rechts und links der Straße stehen kleine Wachhäuschen, die stark an jene vor dem Buckingham Palace erinnern. Auch die Häuser muten europäisch an. Nur die chinesischen Schriftzeichen verraten, dass man trotz alledem in China ist.

Eine Fußgängerbrücke führt über den Fluss Thames in die eigentliche Thames Town. Am Ufer spielen Kinder, während ihre Eltern ein Picknick vorbereiten. In den Straßen sind nur wenige Menschen unterwegs. Viele Shanghaier besitzen zwar eine Wohnung, kommen aber nur an den Wochenenden hierher. Während der Woche fühlt man sich ein bisschen wie in einer Geisterstadt. Sie ist dann lediglich bevölkert von zahlreichen Brautpaaren, die sich für ihre Hochzeitsbücher von professionellen Fotografen ablichten lassen. Es scheint fast, als wäre Thames Town nur als Kulisse für Hochzeitspaare erbaut worden.

Thames Town wurde im Zuge der »One City, nine towns«-Initiative angelegt. Das Vorhaben war 2001 von der Shanghaier Planungskommission ins Leben gerufen worden, um der Überbevölkerung und den exorbitanten Wohnungspreisen Shanghais entgegenzuwirken. Allerdings wurden aus den »nine towns« nur sieben Städte.

In der Nachbildung einer britischen Stadt finden sich auf einem Areal von circa einem Quadratkilometer mehrere Straßenzüge mit Häusern im typischen Stil. In der Stadtmitte steht die Kirche – eine Nachbildung der Christ Church von Bristol. Die Restaurants, Cafés und Teehäuser – durch und durch original britisch. Nichts ist dem Zufall überlassen worden, selbst die Briefkästen und Telefonhäuschen sind im typisch britischen Rot gehalten. Das Einzige, was fehlt, sind rote Doppeldeckerbusse und schwarze Taxis. Lediglich die chinesischen Schriftzeichen an den Gebäuden lassen vermuten, dass man doch noch in China ist. Die chinesische Version der »Truman Show« eben.

Adresse Kent Street, Songjiang District | **ÖPNV** Metro 9, Songjiang Xincheng, weiter mit dem Taxi | **Tipp** Gaoqiao (Holland), Fengcheng (Spanien), Pujiang (Italien), Anting (Deutschland), Luodian (Skandinavien), Fengjing (Nordamerika).

90 Die Tian'ai Road

Die Straße der süßen Liebe

Zwei Briefkästen, die ganz offensichtlich für Liebesbriefe vorgesehen sind, und die Skulptur eines Liebespaars markieren den »Eingang« zur Straße der süßen Liebe. Am Ende der offizielle »Liebesbriefkasten«. In der Hoffnung auf die ewige Liebe strömen junge Menschen herbei, um ihre Postkarte oder ihren Brief an die Angebetete oder den Angebeteten einzuwerfen. Es gibt sogar ein Postamt, das spezielle Stempel für Verliebte hat.

Entlang der Straße an den Mauern 28 Liebesgedichte berühmter Dichter aus aller Welt – eingerahmt und hinter Glas. Einige auf Englisch, viele auf Chinesisch und sogar eines von Goethe. Ein Auszug aus seinen Nachtgedanken: »Seit ich weilend in dem Arm der Liebsten Euer und der Mitternacht vergessen!« Obwohl es Flächen gibt, die speziell dafür vorgesehen sind, dass sich die Verliebten verewigen können, finden sich auf den Briefkästen, um die Briefkästen herum, auf den Hauswänden, auf den Fenstern und Fensterrahmen überall Namen. Manche allein, manche gemeinsam mit ihrem Partner. Manche nur mit Namen, manche mit kleinen Zeichnungen oder einem einfachen Herzchen drum herum. Einige konnten ihren Namen oder ihre Botschaft nicht groß genug an die Wand bringen, andere haben sich mit einem dünnen Stift ganz bescheiden verewigt.

Der Name der Straße geht auf die Legende um die Tochter einer reichen Familie zurück, die in dieser Straße gelebt haben soll. Ihr Name lautet Tian'ai, was so viel wie »süße Liebe« bedeutet. Tian'ai war ein intelligentes und gebildetes junges Mädchen, das zu einer talentierten und gut aussehenden jungen Frau heranwuchs. Schon von klein auf hatte Tian'ai immer mit dem Jungen Xiang De gespielt. Im Laufe der Jahre verliebten sich die beiden ineinander. Ihre Liebesgeschichte war bald in aller Munde und hat so der Straße der süßen Liebe ihren Namen gegeben. Benannt nach der Liebesgeschichte von Tian'ai und Xiang De.

Adresse Tian'ai Road, Hongkou District | **ÖPNV** Metro 3 oder 8, Hongkou Football Stadium, Ausgang 1 | **Tipp** Im »Old Film Café« (123 Duolun Road) kann man in einen gemütlichen Sessel sinken, einen Kaffee trinken und sich einen Liebesfilm aus längst vergangenen Zeiten anschauen.

91_Der Tianguo-Friedhof

Platzmangel auf den Friedhöfen

Eigentlich ist es egal, welchen Friedhof Sie in Shanghai besuchen, denn eines haben alle gemein: Sie sind voll. So voll, dass seit Jahren kaum mehr freie Grabstätten zu bekommen sind. Und wenn, dann nur für horrende Preise. Viele Shanghaier haben deshalb in den vergangenen Jahren Gräber in benachbarten Regionen, unter anderem in Suzhou, gekauft. Aber das ging nur für kurze Zeit gut. Bald schon wurde es der Stadtregierung von Suzhou zu viel: Sie führte eine Regelung ein, nach der nur diejenigen Boden zu Bestattungszwecken kaufen dürfen, die auch im lokalen Melderegister eingetragen sind.

In Shanghai gibt es 44 kommerzielle Friedhöfe mit einer Nutzfläche von etwas mehr als 130 Hektar. Dem gegenüber stehen circa 120.000 Tote pro Jahr. Aufgrund des massiven Bevölkerungszuwachses geht man davon aus, dass sich diese Zahl bis 2040 noch einmal drastisch erhöhen wird. Jedes Jahr werden circa 6,6 Hektar Land für Bestattungen in Anspruch genommen, und deswegen wird der zur Verfügung stehende Boden bald aufgebraucht sein. Um dem entgegenzuwirken, denkt die Stadtregierung Shanghais über alternative Bestattungsmöglichkeiten nach.

Die Chinesen begraben ihre Toten nach alten Traditionen. Die Regierungen einiger Provinzen haben versucht, eine vertikale Bestattung durchzusetzen. Andere schlugen vor, dass sich mehrere Tote ein Grab teilen sollten. Da beide Vorschläge nicht auf Begeisterung trafen, müssen die Toten seit einigen Jahren verbrannt werden. Die Asche wird in platzsparenden Urnengräbern oder in speziell errichteten Häusern beigesetzt. Ganz progressiv ist die Naturbestattung, bei der die Asche der Verstorbenen in einer biologischen Urne in der Natur beigesetzt wird. Diese Bestattungsform wird sogar von der chinesischen Regierung gefördert, ist aber noch nicht in Shanghai angekommen.

Besuchen Sie den Friedhof am besten während des Qingming-Fests im April.

Adresse 2200 Beiqing Highway, Minhang District | **ÖPNV** Metro 10, Hongqiao Airport T2, weiter mit dem Minhang Bus 18, Tianshan West Huaxiang Road | **Öffnungszeiten** 9–16.30 Uhr | **Tipp** Im »Hongqiao International Speciality Dianshang Logistics Port« ganz in der Nähe (2096 Lianyou Road) gibt es alles von Käse über getrocknete Pilze bis Briefumschläge.

92 Das Tilanqiao-Gefängnis

Alcatraz des Ostens

Wer hier einsaß, hatte nichts zu lachen. Nicht umsonst trug das zeitweise größte Gefängnis der Welt den Beinamen »Alcatraz des Ostens«. Die Wärter waren dafür bekannt, besonders grausam zu sein. Bis heute hat das Gefängnis einen zweifelhaften Ruf, aber es ist schon lange nicht mehr das größte der Welt. Es ist aber das einzige Gefängnis Chinas mitten in einer Stadt.

Erbaut 1901, musste das Tilanqiao-Gefängnis bereits 1911 erweitert werden. Es war die Zeit der Revolutionen, und die Regierenden sperrten nicht nur Straftäter, sondern auch politische Feinde ein. So hielten es auch Chiang Kai-sheks Kuomintang. Sie brachten zunächst die Aufständischen und später Hunderte japanische Kriegsverbrecher im Tilanqiao hinter Schloss und Riegel. 1935 waren aus den ursprünglich geplanten 450 Zellen 2.925 geworden und das Gefängnis das größte der Welt.

Das Tilanqiao-Gefängnis war aber auch in anderer Hinsicht besonders. Hinrichtungen waren an der Tagesordnung und wurden durch Erhängen vollstreckt. Während der ersten Jahre wurden sie im Hof des Gefängnisses vorgenommen. Von den umliegenden Gassen aus konnten die Anwohner alles mitverfolgen. Im Zuge der Erweiterung aber wurde ein Hinrichtungsraum eingerichtet, der über eine in Asien seinerzeit einzigartige Vorrichtung verfügte. Er war so konzipiert, dass die Hingerichteten durch eine Falltür direkt in die Leichenhalle des Krankenhauses fielen.

Ein todsicheres System. Nur ein einziges Mal nicht: Der Polizist Atma Singh war des Mordes an seinem Kollegen Bawa Singh überführt und zum Tode verurteilt worden. Die Schlinge um seinen Hals zog sich zu, und er fiel durch die Falltür. Aber er war nicht tot, sondern fand sich im Krankenhaus des Gefängnisses wieder. Niemand wusste, was passiert war. Hatte jemand das Seil manipuliert? Und was sollte jetzt mit Atma Singh geschehen? Kann man jemanden zweimal erhängen?

Adresse 147 Changyang Road, Hongkou District | ÖPNV Metro 12, Tilanqiao | Öffnungszeiten nur mit Urteil | Tipp Zum buddhistischen Nonnenkloster Xiahai (73 Kunming Road) – was »Geh runter zum Meer« bedeutet – kamen einst die Fischer und Seeleute, um für Sicherheit und Glück zu beten.

93 Das Tou-Sè-Wè-Museum

Die Weltreise des Torbogens

Als das Tou-Sè-Wè-Waisenhaus 1864 an seinem heutigen Standort errichtet wurde, war das gesamte Gebiet noch hügelig und morastig. Daraus hervorgegangen ist das, was zahlreiche chinesische Künstler als die Wiege der modernen chinesischen Kunst bezeichnen. Denn um sich später selbst ernähren zu können, mussten alle Waisenkinder ein Kunsthandwerk erlernen. Die französische katholische Kirche brachte also nicht nur zahlreiche Waisen – bis 1903 waren es bereits mehr als 2.000 –, sondern auch ihre westliche Kunst und Kultur mit. Einige der ehemaligen Waisen wurden international bekannte Künstler. Unter ihnen Größen wie Ren Bonian, Liu Haisu und Xu Beihong.

Eines der wohl bekanntesten Werke ist der kunstvoll geschnitzte hölzerne Pailou (Torbogen). Auf ihm dargestellt: Szenen aus dem Roman »Die Romanze der drei Königreiche« aus dem 14. Jahrhundert und zehn Wächterlöwen am Fuße des Bogens. Zwei Jahre hatten die Waisen im Alter zwischen sechs und 16 unter der Anleitung des deutschen Jesuiten Aloysius Beck daran gearbeitet, bevor er 1915 als zentrales Ausstellungsstück den chinesischen Pavillon auf der Weltausstellung 1915 in Los Angeles schmückte. Auch auf den Weltausstellungen 1933 und 1939 sowie bei zahlreichen anderen Gelegenheiten war er zu sehen, bevor er 1940 plötzlich von der Bildfläche verschwand. Ein amerikanischer Geschäftsmann hatte ihn gekauft. Als im Rahmen der Expo 2010 in Shanghai mehrere Museen eröffnet werden sollten, machte sich ein Komitee 2008 auf die Suche nach dem Torbogen und wurde in Schweden fündig. Es sollte aber acht weitere Monate dauern, bevor der Pailou wieder in Shanghai ankam. Viele Teile waren abgebrochen und verkauft worden. Darunter auch die Wächterlöwen. Aber 1,8 Millionen Yuan und sieben Monate später erstrahlte der hölzerne Torbogen auch dank der Arbeit zahlreicher Meister der Holzschnitzerei wieder in voller Pracht.

Adresse 55 Puhuitang Road, Xuhui District | ÖPNV Metro 1 oder 4, Shanghai Indoor Stadium, Ausgang 8 auf die Zhongcao Road | Öffnungszeiten Di–So 9–16.30 Uhr | Tipp In der Shanghai Old Station (201 Caoxi North Road), einem ehemaligen Bahnhof aus dem 19. Jahrhundert, kann man in der ehemaligen Wartehalle oder in einem Eisenbahnwagen chinesische Küche genießen.

94 Das Twist of Fate

Eine der größten Wandmalereien Asiens

Shanghai ist die Stadt der Superlative. Zwei der weltgrößten Wolkenkratzer stehen in Pudong. Shanghai hat das längste Metrosystem der Welt. Der Botanische Garten Chenshan ist der größte seiner Art in Asien. Nicht verwunderlich also, dass man in Shanghai auch eine der größten Wandmalereien Asiens findet: Millos »Twist of Fate«.

2017 hat Francesco Camillo Giorgino alias »Millo« dieses riesige Kunstwerk erschaffen. Der Graffitikünstler aus Italien ist bekannt für seine großflächigen Wandbilder. Sein Stil unverkennbar: Im Mittelpunkt stehen kindliche Figuren, überdimensioniert und in Farbe, die mit gigantischen Legosteinen, Notruftelefonen oder Zügen spielen oder die Welt entdecken. All seine Figuren sehen ziemlich skurril aus, zeigen aber laut Millo den reinsten Teil seiner und unser aller Selbst. Das, was wir verlernt haben zu sein. Der Hintergrund stets Hochhausschluchten. So auch bei »Twist of Fate«, wo ein Mädchen auf den Schultern eines Jungen sitzt und einen kleinen roten Drachen auf einem riesigen Wasserlilienblatt beobachtet. Seinen Angaben zufolge möchte Millo mit dieser Wandmalerei zeigen, wie wichtig es ist, neugierig zu bleiben. Für ihn ist es die Neugierde, die uns neue Möglichkeiten und Wege aufspüren und erstaunliche Entdeckungen machen lässt. Neugierde verändert seiner Meinung nach unser Verhalten und unseren Blick auf die Welt.

Gleich drei weitere große Kunstwerke hat Millo 2016/17 in Shanghai erschaffen. 2016 »Childhood Dream« in der Xiang South Road. Es zeigt ein zwischen Häuserschluchten schlafendes Kind und die typischen chinesischen Goldfische. 2017 »Inside« in der Nähe des Bahnhofs Hongqiao. Passend zur Location steht im Mittelpunkt der Wandmalerei ein Kind, durch dessen Körper eine Eisenbahnlinie verläuft. Ebenfalls 2017 entstanden ist »Sound of You« in Wujiaochang. Das Motiv: ein Kind, das auf einem Baum-Cello spielt. Immer Teil der Wandmalerei: Ein oder mehrere Flugzeuge. Ein wenig wie die »Kleine Maus« in der Brigitte.

Adresse Weide Road, Yangpu District | ÖPNV Metro 10, Jiangwan Stadium Station, Ausgang 1, auf der Songhu Road links in die Zhengmin Road, rechts in die Jingjia Road, links in die Zhikang Road, rechts in die Weide Road | Tipp An der Kreuzung Tianshan Road/Loushanguan Road im Changning District gibt es eine weitere imposante Wandmalerei über gleich zwei Hauswände.

95 Die Urweltmammutbäume

Die botanische Sensation im Wasser

Inmitten des 22,35 Quadratkilometer großen Qingxi-Jiaoye-Parks liegt Shanghais einziger Wasserwald. Jedes Wochenende strömen die Bewohner der Millionenmetropole dorthin, um mit ihren Familien einen Tag in der Natur zu verbringen. Um spazieren zu gehen, zu picknicken und Tiere zu beobachten – insgesamt 185 verschiedene Vogelarten und zahlreiche unter Artenschutz stehende Tiere leben hier. Besonders groß ist der Andrang im Herbst. Denn dann kann man ein Farbenspiel erleben, das an den Indian Summer in Nordamerika erinnert.

Anfang Dezember, wenn es in Shanghai langsam kälter wird, verfärben sich allmählich die grünen Nadeln der im künstlich angelegten Wasserwald stehenden Urweltmammutbäume (Metasequoia glyptostroboides), auch Chinesischer Mammutbaum oder Chinesisches Rotholz genannt. Auf einer Fläche von circa 40.000 Quadratmetern tauchen sie dann den Wald in allerlei Schattierungen von Rot und bieten den Besuchern eine atemberaubende Herbstlandschaft.

Lange Zeit hatte man angenommen, die Urweltmammutbäume seien ausgestorben. Man kannte diese Baumart ausschließlich durch Fossilienfunde. Dann aber wurden 1941 in einem kleinen Tal in China einige wenige Exemplare gefunden. Eine botanische Sensation! Von China aus wurden sie als Stecklinge in die Welt exportiert, aber erst seit den 1990er Jahren ist man in der Lage, Stecklinge auch außerhalb Chinas zu züchten. Mit ihrer hellgrünen, federigen Benadelung ähnelt der Urweltmammutbaum einer Sumpfzypresse (Taxodium distichum).

Holzstege führen kreuz und quer durch den Wald. Je nach Jahreszeit – denn auch im Frühjahr oder Sommer ist der Wasserwald einen Besuch wert – spiegelt sich die grüne oder kupferrote Benadelung in dem zwei bis drei Meter tiefen Wasser. Und wer nach dem Wasserwald noch mehr sehen möchte, kann sich problemlos den Rest des Tages den übrigen Park anschauen, ohne sich wiederholen zu müssen.

Adresse Qingxi-Jiaoye-Park, 500 Zilian Road, Jinze Town, Qingpu District | **ÖPNV** Metro 17, Oriental Land, weiter mit dem Taxi | **Öffnungszeiten** 8.30–16.30 Uhr | **Tipp** Nur wenige Metrostationen weiter, am Ende der Linie 17, findet sich das »Oriental Land« (6888 Qingping Gong Road) – ein großer Park inklusive Flugzeugträger, U-Boot, Luftfahrtmuseum und Wasserrutschen.

96 Die Villa Rouge

Chinas erstes Plattenlabel

Mitten im Xujiahui-Park steht die Villa Rouge. Lange bevor hier europäische Küche serviert wurde, beherbergte sie zunächst eine illegale Abtreibungsklinik und war ab 1921 Hauptsitz von Pathé – dem ersten chinesischen Plattenlabel und der Geburtsort der Nationalhymne.

Ein erster Hinweis auf die musikalische Vergangenheit der Villa steht rechts neben dem Eingang – eine original Schallplattenpressmaschine des deutschen Herstellers Neumann. Im Eingangs- und Restaurantbereich Grammofone, Poster und Fotografien berühmter chinesischer Sängerinnen und Sänger. Wo man heute das Essen genießt, war damals das Aufnahmestudio. Das Büro und die Aufenthaltsräume befanden sich in den oberen Stockwerken. In einem dieser Räume hat der Musiker Nie Er 1935 die Musik zur Nationalhymne »Der Marsch der Freiwilligen« komponiert. Ursprünglich die Filmmusik für »Söhne und Töchter in der Zeit des Sturms«, wurde das Lied 1949 zur vorläufigen Nationalhymne erhoben, fiel aber der Kulturrevolution zum Opfer.

Auch für Pathé kam mit der Machtergreifung der Kommunistischen Partei das Ende. Dem Unternehmen wurde vorgeworfen, Pornografie gefördert zu haben. Die Fabrik wurde geschlossen, und das Unternehmen stellte alle Aktivitäten ein – zumindest in Shanghai.

Die Hymne durfte 1978 wieder gespielt werden, hieß nun aber »Der Osten ist rot« und hatte einen geänderten Text, in dem sich alles um Mao und die Partei drehte. Den Text hatte der Bauer Li Youyuan geschrieben. Die Melodie war einem chinesischen Volkslied entnommen. Da aber nicht viele Menschen von der Textänderung wussten und das Lied auch sonst nicht populär war, wurde es von der breiten Masse nie wirklich anerkannt. Nach Maos Tod beschloss der Nationalkongress unter Deng Xiaoping daher, die vorläufige Nationalhymne mit dem ursprünglichen Text und der ursprünglichen Melodie zur offiziellen Nationalhymne zu erklären.

Adresse 811 Hengshan Road, Xuhui District | **ÖPNV** Metro 1, Hengshan Road | **Öffnungszeiten** 11.30–14.30 Uhr, 18–21.30 Uhr | **Tipp** Das Café Keven (525 Hengshan Road) ist eine Institution. In europäisch anmutender Atmosphäre kann man einen Snack zu sich nehmen oder einfach nur einen Kaffee trinken.

97 Der Wanguo Gongmu

Autokorrektur auf Chinesisch

Grundsätzlich ist es Ausländern nicht möglich, auf chinesischen Friedhöfen beigesetzt zu werden. Nur Persönlichkeiten, die sich um Shanghai und China besonders verdient gemacht haben, können sich um eine Grabstätte bewerben und mit Sondergenehmigung der Stadtverwaltung auf dem Wanguo-Friedhof ihre letzte Ruhestätte finden.

Vor der Kulturrevolution war das noch anders. Damals gab es in Shanghai insgesamt elf Ausländerfriedhöfe. Der Wanguo Gongmu war 1909 als einer der ersten kommerziellen Friedhöfe eröffnet worden. Als die Rotgardisten 1966 alles Westliche zerstörten, wurde auch der Wanguo Gongmu nicht verschont und erst 1984, mit dem Tod von Song Qingling, einer Leitfigur der Kommunistischen Partei, »wiederbelebt«. Ihr zu Ehren wurde ein Mausoleum errichtet, und im Zuge dessen wurden (fast) alle Gräber sämtlicher Ausländer, die je in Shanghai begraben worden waren, hierhin umgebettet. Heute liegen mehr als 600 Ausländer aus 26 westlichen und asiatischen Ländern auf dem Wanguo Gongmu. Dass es sich nicht um den Originalfriedhof handelt, stellt man spätestens fest, wenn man sich die Grabsteine genauer anschaut. Keine Angaben von Geburts- oder Sterbedatum und durchaus interessante »Namen« oder, besser gesagt, Buchstabenkombinationen.

Das jüngste Grab einer Ausländerin stammt aus dem Jahr 2006 und gehört Ruth Felicitas Weiss. 1908 in Österreich geboren, kam sie 1933 nach China und arbeitete in Shanghai und Beijing als freie Journalistin und Lehrerin. Sie war 1955 eine von hundert ausländischen Personen, die die chinesische Staatsbürgerschaft erhielten – keine Selbstverständlichkeit.

Da es sich in erster Linie um eine Gedenkstätte für Song Qingling handelt, dominiert die Erinnerung an sie den gesamten Park. Allerdings gibt es im hinteren Teil des Parks einen weiteren Friedhof mit sehenswerten Grabstätten – allesamt für chinesische Berühmtheiten.

Adresse 21 Songyuan Road, Changning District | ÖPNV Metro 3, 4 oder 10, Hongqiao Road, Ausgang 2 | Öffnungszeiten 9–17 Uhr, letzter Einlass 16.30 Uhr | Tipp Song Qingling wohnte in einer Villa in der 338 Huaihai West Road. Heute ein Museum, bietet es einen interessanten Einblick in die Geschichte der Kommunistischen Partei Chinas.

98 Die Wasserkalligrafen

Vergängliche Kunst

In diesem von Touristen weitestgehend unbehelligten Park kann man ein Stück authentisches Shanghai erleben. Auf den Wegen wird flaniert, getanzt oder Gymnastik gemacht. Wer nicht tanzt, übt sich in Tai Chi, spielt an einem der Steintische mit anderen Karten oder Mahjongg oder sitzt auf einer der zahlreichen Bänke und beobachtet das bunte Treiben.

Das Highlight des Parks aber sind die Wasserkalligrafen. Wasserkalligrafie ist in China ein beliebtes Hobby. In einem versteckten Teil des Parks – wo sich die Männer aus der näheren Umgebung regelmäßig treffen, um über das Weltgeschehen zu philosophieren – schreiben die Kalligrafen ihre vergängliche Kunst auf Steinplatten. Ihr Schreibwerkzeuge sind entweder riesige Kalligrafiepinsel oder interessante Eigenkonstruktionen: ein langes Rohr, an dessen Ende eine Flasche mit Wasser montiert ist, am anderen Ende ein Lappen, der so gewickelt ist, dass man damit »schreiben« kann.

Die Kunst der Kalligrafie gilt seit der Tang-Dynastie (618–907) als eine der vornehmsten Künste. Noch heute gehört es zur Grundausbildung eines jeden gelehrten Menschen, berühmte Kalligrafen an ihren Schriftzeichen zu erkennen, sie zu kopieren und selbst eine individuelle Ausdruckskraft zu entwickeln. Jede Kalligrafie ist ein Kunstwerk aus dem Schwung der Pinselführung, den gewählten Charakteren und dem Geschriebenen.

Die Kunst der Wasserkalligrafie ist erst in den 1990er Jahren entstanden. Manche sagen, die Männer schrieben mit Wasser, weil Graffiti verboten sind. Andere, das Schreiben mit Wasser sei eine Art Meditation. Wie dem auch sei. Wasserkalligrafen bei ihrem Hobby zu beobachten, wie sie Sprüche und Sprichwörter, die den Betrachtern Glück und Wohlergehen wünschen, auf die Steinplatten schreiben, und zu sehen, wie die Kunstwerke je nach Temperatur mal schneller oder mal weniger schnell verdunsten, ist ganz gewiss meditativ.

Adresse 516 Fuxing Middle Road, Huangpu District | **ÖPNV** Metro 10, Xintiandi, Ausgang 5, Richtung North-South Elevated Road | **Öffnungszeiten** im Winter 6–18 Uhr, im Sommer 5–21 Uhr | **Tipp** Wer etwas mehr über die Kalligrafie lernen möchte, sollte einen Abstecher in das »Shanghai Brush-pen and ink Museum« (429 Fuzhou Road) machen. Dort gibt es auch unzählige Shops für den Kalligrafiebedarf.

99__Der Xiaopan Caomei Park

Obst und Gemüse selbst pflücken

In einer 26-Millionen-Metropole das eigene Obst und Gemüse pflücken? Nicht unbedingt das, was einem als Erstes in den Sinn kommt. Aber in Shanghai gibt es nichts, was es nicht gibt. In den äußeren Distrikten, wohin sich die wenigsten Touristen verirren, gibt es riesige Gewächshäuser und Felder, wo man Blaubeeren, Äpfel, Weintrauben, aber auch Paprika oder Tomaten und noch so vieles mehr selbst ernten kann.

Besonders beliebt, auch in Shanghai: Erdbeeren pflücken. Das Beste: In Shanghai gibt es zwei Erdbeersaisons. Die erste von April bis Anfang Juni und die zweite von Mitte November bis Anfang März. Die Erdbeeren sind sensationell lecker. Insbesondere dann, wenn man sie selbst pflückt. Momentan groß in Mode sind weiße Erdbeeren. Sie sehen zwar unreif aus, schmecken aber noch süßer und fruchtiger als die traditionellen roten Früchte.

Eine eher unbekannte, aber umso liebenswertere Farm ist die »Xiaopan Caomei Vegetable & Fruit Picking Park« im äußersten Nordosten von Pudong. Wer offene Felder erwartet, wird sich zunächst wundern. Denn stattdessen reiht sich ein Gewächshaus an das nächste. Nur die Hinweisschilder an der Straße und den Gewächshäusern verraten, was sich unter den langen Reihen von Plastikplanen verbirgt.

Die Stelle zu finden, wo man selbst pflücken darf, ist etwas komplizierter. Am besten fragt man sich durch. Dafür ist vollkommen ausreichend, wenn man weiß, dass »Erdbeeren selbst pflücken« 自己摘草莓 geschrieben und »Zìjǐ zhāi cǎoméi« ausgesprochen wird. Das Prozedere ist immer das gleiche. Jeder erhält ein kleines Plastikkörbchen und bekommt ein Gewächshaus zugewiesen. Gezahlt wird nach Gewicht – genascht werden darf, so viel man will. Der natürliche Schwund beim Pflücken ist allerdings in die Kalkulation des Preises bereits eingeflossen. Übrigens: Wenn die Erdbeeren nicht reif sind, dann werden Kohl, Salat oder Spinat geerntet.

Adresse Xiaopan Caomei Vegetable & Fruit Picking Park, 20 Xinchun Road, Pudong District | **ÖPNV** Metro 2, Chuansha Road, weiter mit dem Bus Pudong 50 nach Xinchuncun Lvhuadui | **Öffnungszeiten** 7–17 Uhr | **Tipp** Das »Shanghai Youlong Stone Culture Museum« (20 Xinchun Road) widmet sich in einem Bereich ganz der in China so beliebten Jade. Ein Riesenspaß für Jung und Alt ist aber auch die Disney World ganz in der Nähe.

100 Die Xiaotaoyuan-Moschee

Moschee ohne Männer

Was in weiten Teilen der Welt kaum für möglich gehalten wird, geschweige denn existiert, ist in China eine Selbstverständlichkeit: Moscheen von Frauen für Frauen. Moscheen, die nur von Frauen besucht werden dürfen und in denen ausschließlich weibliche Imame predigen. Die Xiaotaoyuan-Moschee – die Moschee des kleinen Pfirsichgartens – ist eine der wichtigsten Moscheen Shanghais und ein Teil davon fest in der Hand von Frauen.

Die Tradition reiner Frauenmoscheen geht in China auf die Tang-Dynastie (618–907) zurück. Damals waren die Muslime willkommene Gäste im Reich der Mitte, was sich aber während der Ming-Dynastie (1368–1644) ändern sollte. Die Mongolen hatten Teile Chinas besetzt und die Herrscher in Angst und Schrecken versetzt. Als Reaktion darauf begannen sie, alle Nicht-Han-Chinesen zu unterdrücken. Eine herausfordernde Zeit für die Muslime Chinas. Um als Minderheit ihre Kultur gegen die Repressalien von außen zu verteidigen, musste die muslimische Gemeinde alle Ressourcen mobilisieren. So kam es, dass auch muslimische Frauen die Erlaubnis erhielten zu predigen. Schon Mitte des 17. Jahrhunderts wurden religiöse Schulen gegründet, in denen ausschließlich muslimische Frauen unterrichtet wurden. Viele dieser Schulen wurden während der Qing-Dynastie (1644–1911) zu Frauenmoscheen.

Die ursprüngliche Xiaotaoyuan-Moschee war 1917 gegründet worden und sollte sich bis 1948 zu einem der wichtigsten Zentren für islamische Pilger aus ganz China entwickeln. Viele Gläubige legten an der Moschee einen Zwischenstopp ein, bevor sie weiter nach Mekka pilgerten. Heute ist die Xiaotaoyuan-Moschee der Sitz der Shanghaier Islamgesellschaft und wird mit städtischen Mitteln unterstützt.

Ihren Namen verdankt die Xiaotaoyuan-Moschee ihrem Garten mit seinen kleinen Pfirsichbäumchen.

Adresse 52 Xiaotaoyuan Street, Huangpu District | **ÖPNV** Metro 1, Laoximen | **Öffnungszeiten** 9–20 Uhr | **Tipp** Jeden Freitag findet außerhalb der Huxi-Moschee in einem Abschritt der Changde Road der muslimische Markt statt – mit einem großen Angebot frisch gekochter Mahlzeiten – natürlich halal.

101 Xinchang

Die vergessene Wasserstadt in Pudong

Eine der ursprünglichsten Wasserstädte in und um Shanghai ist Xinchang Ancient Town. Zu einer Zeit, als Pudong noch eine Ansammlung kleiner Dörfer war, florierte der Salzhandel und machte Xinchang zu der sich am schnellsten entwickelnden Siedlung in Pudong. Gleichzeitig gehört Xinchang aber auch zu den unbekanntesten Wasserstädten, und das, obwohl sie Regisseur Ang Lee 2007 als Kulisse für den Film »Gefahr und Begierde« diente.

Schon beim Betreten Xinchangs kann man sich dem Charme dieser Wasserstadt kaum entziehen. Entlang der malerischen Gassen und der vier kleinen Flüsse, die sich durch die Stadt schlängeln, stehen die typischen weiß getünchten ein- und zweistöckigen Häuser mit ihren schwarzen Schindeldächern und roten Laternen. Viele von ihnen, aber auch die Steinbrücken, stammen aus der Qing-Dynastie (1644–1911), einige sogar aus der Ming-Dynastie (1368–1644). In fast allen wohnen auch heute noch Menschen. Die Fensterläden sind kunstvoll aus Holz geschnitzt. Die Shops werden, wie vor Hunderten von Jahren, mit Holzbrettern verschlossen, die mit einem Querbalken am Boden gesichert sind. Sind sie geöffnet, findet man in ihnen alles, was das Touristenherz begehrt.

Egal, ob der Hunger kleiner oder größer ausfällt: In den kleinen Restaurants und bei den Straßenverkäufern kommt jeder auf seine Kosten. Es gibt Ente, Körbe voller dampfender »Shāo mài« (Dim-Sum), eingelegtes Gemüse, Tee-Eier und natürlich alle Arten von Tofu, kleine Kuchen aus »Sticky Rice« und vieles mehr. Wer sich lieber bei einem Tee ausruhen möchte, sollte in das »No.1 Teahouse« gehen. Eine Plakette an der Außenmauer weist darauf hin, dass das Gebäude ursprünglich ein Wohnhaus war und auf die Qing-Dynastie, genauer gesagt auf die Regentschaft von Kaiser Tongzhi zwischen 1861 und 1875 zurückgeht. In der Zeit von Puyi, dem letzten Qing-Kaiser, wurde es zwischen 1908 und 1911/12 umgebaut.

Adresse Xinchang Ancient Town, Pudong District | **ÖPNV** Metro 16, Xinchang, Ausgang 2, weiter mit dem Taxi oder dem Bus (3 Stationen) | **Tipp** Noch eine Wasserstadt, die es bis nach Hollywood gebracht hat, ist Xitang, etwa 140 Kilometer südwestlich von Shanghai – dort wurde »Mission Impossible« mit Tom Cruise gedreht.

102 Das Yangtze Insurance Building

Ein Gebäude in Schieflage

Die Shanghaier nennen ihre Stadt liebevoll auch »Shanglantis« – in Anlehnung an das versunkene Atlantis. Denn auch Shanghai sinkt. Seit 1921 schon mehr als zwei Meter. Überall finden sich Belege für das langsame Versinken der Stadt: verformte U-Bahn-Trassen, Risse in Mauern oder Gebäude in Schieflage. Schön schief: das Yangtze Insurance Building. Wie die meisten Gebäude am Bund gehört es zur sogenannten »dritten Generation« und wurde zwischen 1910 und 1925 errichtet.

Der Untergrund am Bund, in unmittelbarer Nähe des Huangpu, ist besonders instabil. Die Ingenieure mussten sich daher etwas einfallen lassen. Die Lösung hatten Anfang des 20. Jahrhunderts Trollope & Colls: Sie ließen lange Holzpfähle aus Kiefernholz in den Marschboden rammen und darauf »Flöße« aus Beton befestigten. Die Flöße verteilten das Gewicht der Gebäude gleichmäßig, und die Pfähle verhinderten gleichzeitig das weitere Absinken. Alle Gebäude der dritten Generation stehen auf solchen Pfählen mit Betonflößen. Bei fast allen Gebäuden hat das System funktioniert – aber eben nur bei fast allen.

Das 1920 von den Architekten Palmer und Turner errichtete Yangtze Insurance Building neigt sich leicht nach links. Ob daran der schwere Tresorraum im Untergeschoss oder die mit Marmorplatten verzierte Fassade und die Seiteneingänge aus Marmor schuld sind? Keiner kann es mit Sicherheit sagen. Sicher ist aber, dass das Gebäude schon kurz nach Fertigstellung in Schieflage kam. Und Shanghai sank weiter – jährlich bis zu zehn Zentimeter. In den 1960er Jahren berechnete man, dass Shanghai am Ende des Jahrhunderts unter dem Meeresspiegel liegen würde. Die Stadtregierung hat daraufhin zahlreiche Überwachungsstationen und Grundwasserbeobachtungsbrunnen installiert. Ständig werden große Mengen Wasser in den Boden zurückgepumpt. Shanghai sinkt seither nur noch wenige Millimeter pro Jahr.

Adresse 26 The Bund (East West Zhongshan Road), Huangpu District | ÖPNV Metro 1, 2 oder 8, People Square, auf der West Nanjing Richtung Bund | Öffnungszeiten nur von außen zu besichtigen | Tipp Im Huangpu-Park gegenüber steht eine Statue, die viele für Mao halten. Tatsächlich handelt es sich um Chen Yi, von 1949–1958 Shanghais erster Bürgermeister.

103 Die Yokohama Specie Bank

Die Nasenopfer der Kulturrevolution

Während der Kulturrevolution haben den Chinesen viele Nasen nicht gepasst. Unter anderem die der Westler. Mao hatte in seiner Direktive von Ya'an die »Auflösung der Stadt« gefordert. Allen voran die Auflösung der Stadt Shanghais, die der Kommunistischen Partei von Anfang an ein Dorn im Auge war. Zu freizügig. Zu kapitalistisch. Zu westlich. Mao war der Überzeugung, die neue »industrielle« Gesellschaft brauche andere städtische Strukturen. Die Kommunistische Partei beschloss daher, dass die Shanghaier umerzogen werden müssten.

Westliche Einflüsse jedweder Art sollten gründlich ausgelöscht werden. Den Anfang machten Straßen mit westlichen Namen. Danach erhielten alle kolonialen Bauten neue chinesische Bezeichnungen, und selbstverständlich wurde der berühmt-berüchtigten Amüsiermeile Shanghais ein Ende bereitet. Nichts sollte mehr an den Westen erinnern: weder die Architektur noch die Musik, noch die bildenden Künste. Nicht einmal Kleidung und Nahrung.

Der Höhepunkt der Umerziehung wurde während der von 1966 bis 1976 dauernden »Großen proletarischen Kulturrevolution« erreicht. Maos Rote Garden hatten den Auftrag, das Land von den »Vier Alten« zu befreien. Von alten Sitten, alten Gewohnheiten, alten Kulturen und alten Denkweisen. Was die Roten Garden genau unter den »Vier Alten« verstanden, blieb ihrer Interpretation überlassen. So kam es, dass in Shanghai, wie im Rest Chinas, Rechtlosigkeit und Anarchie regierten und das Land an den Rand eines Bürgerkriegs brachten. Überall demütigten, quälten und ermordeten Horden halbwüchsiger Rotgardisten Intellektuelle, missliebige Funktionäre und Kapitalisten sowie all jene, die sie dafür hielten. Den Vernichtungsfeldzügen der Roten Garden gegen alles Alte fiel aber auch der Schmuck zahlreicher Gebäude zum Opfer. Und mancherorts eben auch die westlichen Nasen der Statuen, die die Gebäude schmückten.

Adresse 24 The Bund (Zhongshan Dong Yi Road), Huangpu District | ÖPNV Metro 2, 12 und 13, West Nanjing Road, Ausgang 3, West Nanjing Road in Richtung Bund | Öffnungszeiten nur von außen zu besichtigen | Tipp Sehr sehenswert ist auch die Decke in der HSBC Bank. Das Mosaik war kurz vor der Kulturrevolution überdeckt worden, um es vor den Rotgardisten zu schützen. Erst in den 1990er Jahren kam es per Zufall wieder ans Licht.

104 Die Yongkang Road

Wasserschlacht auf Chinesisch

In dieser Straße, mitten in der Französischen Konzession, reiht sich ein hippes Café an das nächste. Man kommt, um zu sehen und gesehen zu werden. Alles mutet überaus westlich an. Man sitzt lässig im offenen Fenster. Trinkt einen Cappuccino. Isst ein Stück Kuchen. Laut wird es nicht. Weder tagsüber und noch viel weniger abends.

Aber das war nicht immer so. Über viele Jahre hinweg tobte hier das Leben. Alles begann damit, dass 2009 der in der Yongkang Road ansässige Wet Market modernen Shops weichen musste. Ebenso einflussreiche wie wohlhabende Anwohner hatten sich erfolgreich über den Schmutz und den Gestank beschwert. Leider ging das Konzept nicht auf. Die Geschäfte wollten einfach nicht laufen. Also zogen nach nur drei Jahren die Geschäfte aus – und Bars ein. Dieses Konzept ging auf. Nach kürzester Zeit war die Yongkang Road der neue Hotspot für junge Chinesen und Expats. Jeden Abend wurde gefeiert und zogen Betrunkene krakeelend durch die Straße. Sehr zum Entsetzen einiger Anwohner. Denn jetzt war es ihnen zu laut.

Immer wieder kam es zu Zwischenfällen. Einer davon schaffte es sogar in die internationalen Schlagzeilen. Eine verzweifelte Anwohnerin hatte aus ihrem Fenster Wasser auf betrunkene Ausländer geschüttet. Anstatt aber die feiernde Meute zu vertreiben, lockte sie mit dieser Aktion nur noch mehr Feierwütige und Neugierige an. Immerhin führte es aber dazu, dass sich Barbesucher nach 22 Uhr nicht mehr vor den Bars aufhalten durften. Außerdem mussten die Barbesitzer den Anwohnern eine Art »Steuer« als Entschädigung zahlen. Angeblich gab es jetzt weniger Beschwerden – wenn überhaupt, dann nur noch an den Wochenenden. Dennoch beschloss der Bürgermeister von Xuhui im Sommer 2016, alle Bars zu schließen, die keine offizielle Ausschankgenehmigung hatten. Übrig gebliebenen sind nur wenige. Die meisten sind umgezogen ins »Found 158« (siehe Ort 32).

Adresse Yongkang Road, Xuhui District | ÖPNV Metro 1, 10 oder 12, South Shaanxi Road, Ausgang 7, auf der Nanchang Road rechts in die South Xiangyang Road, rechts in die Yongkang Road | Öffnungszeiten Die meisten Cafés öffnen während der Woche um 8 und am Wochenende um 10 Uhr. Geschlossen wird um 20 Uhr. | Tipp Einen kleinen Spaziergang entfernt befindet sich das sehenswerte »Liuli China Museum« (25 Taikang Road). Das erste Museum Chinas, das sich moderner Glaskunst widmet.

105 Das Yuanli-Pfandhaus

Das älteste Pfandhaus Shanghais

Nachdem der Hafen von Shanghai 1842 für den internationalen Handel geöffnet worden war, entwickelte sich die Stadt immer mehr zu einem kommerziellen Zentrum von weltweiter Bedeutung. Pfandhäuser schossen wie Pilze aus dem Boden. Zeitweise war Shanghai die Stadt mit der höchsten Pfandhausdichte in ganz China. Die meisten tummelten sich in der Jinmen Road. Ganz in der Nähe befindet sich auch heute noch das Yuanli-Pfandhaus. Das ehemals größte Pfandhaus Shanghais wurde 2019 als Museum wiedereröffnet.

Kaum Fenster. Der Eingang ein steinerner Torbogen im Art-déco-Stil. Auf den ersten Blick sieht das Yuanli von außen aus wie eine Festung. Mit voller Absicht. Denn zu seiner Hochzeit, in den 1930er und 1940er Jahren, lagerten in seinen Mauern Juwelen, Gemälde, Kalligrafien, aber auch Pelzmäntel von unschätzbarem Wert. Die wertvollsten Stücke waren in einen Tresorraum untergebracht, der mit einer 50 Zentimeter dicken Stahltür verriegelt wurde, sodass »weder Wasser noch Feuer, noch die Artillerie« eindringen konnten. Zwei Männer waren nötig, um die Tür zu öffnen.

Eröffnet worden war das Yuanli-Pfandhaus 1932 von Lu Tuanxiao. Er hatte zuvor schon ein Pfandhaus in Wuxi erfolgreich betrieben und witterte nun in Shanghai ein lukratives Geschäft. Zu Recht! Die Geschäfte liefen gut. Angeblich nahm er zeitweise an einem einzigen Tag bis zu 10.000 Yuan ein und beschäftigte zahlreiche Schutzmänner, in aller Regel Sikhs aus Indien, die für den reibungslosen Ablauf sorgten.

1946 wurde das Pfandhaus geschlossen und das Gebäude1956 an die Stadt übergeben. Zum Wohnhaus umgewandelt und über die Jahre verwohnt, sollte es 2003 abgerissen werden. Die Bewohner konnten das ruhmlose Ende jedoch verhindern. Gemeinsam mit Zheng Shiling, einem der bekanntesten Architekten Shanghais, konnten sie die Stadtregierung dazu bewegen, das Gebäude zu renovieren und ein Museum einzurichten.

Adresse 203 Wuding Road, Jing'an District | **ÖPNV** Metro 7, Changping Road, Ausgang 2, auf der Changde Road Richtung Wuding Road | **Öffnungszeiten** Di–So 9–16.30 Uhr | **Tipp** Wer sich mehr für Briefmarken interessiert, sollte einen Abstecher in das Postmuseum (395 Tiantong Road) machen. Dort findet regelmäßig eine Briefmarkentauschbörse statt.

106 Der Yunxiang-Tempel

Der goldene Keller

Nanxiang gehört zu den schönsten Wasserstädten rund um Shanghai. Allerdings verirren sich eher selten westliche Touristen in diesen Stadtteil. Dabei gehört der Yunxiang-Tempel zu den größten buddhistischen Tempeln Shanghais und hat einen der spektakulärsten Tempelkeller überhaupt.

Erbaut wurde er 505 vor Christus. Der Legende nach hatte man beobachtet, wie zwei Kraniche sich immer wieder auf ein und demselben großen Stein mitten auf einem Feld ausruhten. Ein Mönch bemerkte außerdem, dass die vier Flüsse, die sich kreuz und quer durch die Landschaft schlängelten, das buddhistische Zeichen »Swastika« ergaben. Ein gutes Omen. Er beschloss daher, an dieser Stelle einen Tempel zu erbauen. Finanziert durch die Anwohner, die immer, wenn Kraniche über ihren Kopf flogen, Steine für den Bau spendeten. Am Tag der Fertigstellung soll der Mönch auf dem Rücken eines Kranichs in Richtung Süden davongeflogen sein. Seither ist der Kranich das Wahrzeichen der Stadt.

1766 brannte der Tempel nieder. Lediglich die Zwillingspagoden sind noch erhalten. Der Keller des heutigen Tempels aber ist ein echter Geheimtipp. Er ist ziemlich spektakulär: eine riesige, in goldenes Licht getauchte Halle mit einem Altar in der Mitte. In einem Teil säumen Tausende kleiner goldfarbener Schreine die Wände. Die gläsernen Türen der Schreine sind mit Lotusblumen verziert – sie stehen für die Reinheit und Schönheit des Körpers und des Geistes. In den Schreinen: Opfergaben für die Toten sowie Porträts längst verstorbener Menschen. In einem anderen Raum stehen in langen Regalen – fein säuberlich nebeneinander aufgereiht – kleine Gedenktafeln. Auf manchen sieht man ein Bild eines Verstorbenen, andere nennen lediglich den Namen. Überall an den Wänden Gemälde buddhistischer Gottheiten. Die sphärische Musik erzeugt eine ganz besondere Atmosphäre und lässt die Besucher die Welt draußen vergessen.

Adresse 263 Jiefang Street, Jiading District | **ÖPNV** Metro 11, Nanxiang Station, Richtung Old Town | **Öffnungszeiten** 8–16.30 Uhr | **Tipp** Die Zwillingspagoden im Zentrum des alten Teils der Stadt standen ursprünglich am Haupteingang des Tempels und sind mehr als tausend Jahre alt.

107 Das Yunzhou Curio City

Das kurioseste Kaufhaus Shanghais

Noch vor wenigen Jahren gab es in der Donghu Road ein mehrstöckiges Gebäude, das berühmt für seine Antiquitätenhändler war. Heute ist es schwierig, so viele Antiquitätenhändel an einem Ort zu finden. Gut, dass es »Yunzhou Curio City« gibt. Ein Einkaufsparadies, das seinem Namen alle Ehre macht. Es ist das größte seiner Art in Shanghai, mit einer fast 30-jährigen Geschichte. Wer ihm einen Besuch abstattet, sollte viel Zeit mitbringen, denn auf den neun Etagen – und an Wochenenden und Feiertagen auf dem Flohmarkt rund um das Gebäude – gibt es einfach alles: Gewöhnliches, Ungewöhnliches, Schönes, weniger Schönes, Neues, Antiquitäten und auf alt Gemachtes.

Ebenerdig wird hauptsächlich mit Porzellan, Töpferware, Bronze, kunstvollen Jade- und Holzschnitzereien, Gemälden und Literatur gehandelt. Auf der zweiten bis vierten Etage findet sich dicht an dicht ein Verkaufsstand neben dem anderen. Die Regale der Stände sind bis an die Decke gefüllt mit Antikem, darunter erneut zahlreiche Figuren aus Holz und Jade. Die fünfte Etage ist ganz dem Postwesen gewidmet. Es gibt Briefmarken aus aller Welt. Sogar die eine oder andere aus der Zeit der Kulturrevolution. Postkarten, Briefumschläge sowie Raritäten aus der Qing-Dynastie (1644–1911) und der Zeit der Republik China (1912–1949). Alte Münzen aus den verschiedenen Epochen Chinas, Gold- und Silbermünzen, alt wie neu, sowie Gedenkmünzen werden in der sechsten Etage angeboten. In den beiden obersten Etagen ist man spezialisiert auf Antiquitäten und Kunst aus aller Welt.

Neben dem Flohmarkt ist der Keller ein Highlight. Ganz unten befindet sich Shanghais erste Tausch- und Verkaufsbörse für alles rund um das bedruckte oder bemalte Blatt Papier. Wer auf der Suche nach alten Comicheften, Kalligrafien, Postern, Briefmarken, Fotos, Briefen längst verstorbener Menschen oder gar Rechnungen ist, wird garantiert fündig.

Adresse 88 Damuqiao Road, Xuhui District | ÖPNV Metro 9 oder 12, Jiashan, Ausgang 4 | Öffnungszeiten 10–17 Uhr | Tipp Wer es gern etwas (!) geordneter mag, sollte »Madame Mao's Dowry« (207 Fumin Road) aufsuchen. Man findet alles rund um Mao und seine Zeit sowie viele andere nette Souvenirs und Kleinigkeiten.

108 Die Zhejiang Middle Road

Frühstücken wie die Shanghaier

Es gibt kaum eine bessere Zeit, Shanghai zu erkunden, als am frühen Morgen. Wenn die Menschen und ihre Stadt langsam aus dem Schlaf erwachen, während in den Straßenküchen schon das Frühstück zubereitet wird. Dann mischt sich der Duft von gebratenem Teig mit dem Dampf herzhafter Dumplings, kochender Wontons und frittierter Teigstäbchen. Eine der besten Straßen, um in die traditionelle Frühstückskultur der Shanghaier einzutauchen, ist die Zhejiang Middle Road, nur wenige Straßen vom Bund entfernt.

Besonders beliebt – nicht nur zum Frühstück – sind »Bǐng« (饼). Aber das eine Bing gibt es nicht. Mit diesem Wort wird alles bezeichnet, was rund und aus Teig ist. Die genaue Form, Größe und die Zutaten sind nicht definiert. Es gibt zum Beispiel die »Cong you Bing« – geschichtete Pfannkuchen mit in den Teig eingearbeiteten Frühlingszwiebeln. Oder die »Jiān bǐng«. Ihr Teig wird hauchdünn auf eine heiße Platte gestrichen. Während er backt, werden ein bis zwei Eier darauf verteilt. Sobald die Eier fertig sind und bevor die Crêpes mit wenigen Handgriffen gefaltet werden, kommen Koriander, Schnittlauch, eine Sauce nach dem jeweiligen Geheimrezept der Köchin und wahlweise getrocknete Tofuhaut oder Wurst in die Mitte.

Eher süß sind die »Yóutiáo« – Teigstäbchen, die klassisch mit warmer süßer Sojamilch (Dòu jiāng) gegessen werden. Geschmacklich vergleichbar mit einem Krapfen oder Berliner – nur eben in lang.

Natürlich gibt es in Shanghai auch schon zum Frühstück Dumplings und Wontons, die in der Suppe schwimmen. Beide wahlweise gefüllt mir Schweinefleisch, Shrimps oder Gemüse. Und nicht zu vergessen die hart gekochten Tee-Eier, die in einer Brühe aus Gewürzen und Sojasauce eingeweicht werden. Für die ganz Harten gibt es den »Chǒu dòufu« – stinkenden Tofu, der trotz seines intensiven Geruchs erstaunlich gut schmeckt.

Adresse Zhejiang Middle Road, Huangpu District | ÖPNV Metro 1, 2 oder 8, People's Square, Ausgang 15, auf der Fuzhou Road links in die Zhejiang Middle Road | Öffnungszeiten ab 5 Uhr | Tipp Langschläfern sei die Yunnan Road, auch als »Food Street« bekannt, empfohlen. Unbedingt »haarige Krabbe« und Langusten (Xiao long xia) probieren.

109 Das Zhenliu Mansion

In tausend Briefen mitten ins Herz

Das von Elliott Hazzard entworfene Apartmenthaus bot alles, was Luxusapartments zu dieser Zeit bieten sollten: Kamin, Aufzug und einen separaten Personaleingang. Wer etwas auf sich hielt, wohnte dort. Darunter zahlreiche berühmte Autoren, Regisseure, Schauspieler und Produzenten, weshalb es auch das »Haus der Celebrities« genannt wurde.

Unter ihnen Fu Quanxiang (1923–2017). Aufgewachsen in einem kleinen Dorf in der Provinz Zhejiang, besuchte sie schon im Alter von neun Jahren eine lokale Opernschule und sollte eine der erfolgreichsten Yueju-Künstlerinnen werden. Traditionell wurden alle Rollen einer Yueju – eine chinesische Oper aus der Region Shaoxing – von Frauen gespielt.

Einer der größten Fans von Fu Quanxiang war Liu Jian. Er hatte in England studiert und diente bei der Marine. Über einen Zeitraum von fünf Jahren soll er seiner Angebeteten mehr als tausend Briefe geschrieben haben, bevor sie ihm erlaubte, sie zu besuchen. Seine Beharrlichkeit sollte sich auszahlen. 1956 heirateten die beiden und bekamen schon bald Nachwuchs. Fu Quanxiang soll von einer Beziehung mit vertauschten Rollen gesprochen haben. Damit Fu ihrer Karriere nachgehen konnte, kündigte Liu seinen Job bei der Marine, verzichtete auf eine Karriere in Übersee und nahm einen Schreibtischjob im diplomatischen Dienst der Volksrepublik China an. So konnte er sich, wenn Fu auf Tournee war, um die Tochter kümmern. Während der Kulturrevolution fiel Liu, wie später auch Fu, in Ungnade. Er wurde beschuldigt, ein ausländischer Spion zu sein. Er wurde verprügelt, musste eine Büßermütze tragen und wurde damit durch die Straßen Shanghais gehetzt.

Vor seiner Verhaftung hatte er geistesgegenwärtig das Sammelalbum seiner Frau, mit all den Erinnerungen an ihre Erfolge, in einem Loch in der Wand vor den Rotgardisten versteckt. Es wurde die Basis für das 1988 über Fu veröffentlichte Buch.

Adresse 699 Huashan Road, Jing'an District | **ÖPNV** Metro 2 oder 7, Jing'an Temple, auf der West Nanjing Road links in die Wulumuqi Road, rechts in die Huashan Road | **Öffnungszeiten** nur von außen zu besichtigen | **Tipp** Ein weiteres sehr schönes historisches Gebäude ist das Jing'an Hotel (370 Huashan Road) inmitten eines 6.000 Quadratmeter großen und sehr sehenswerten Landschaftsgartens.

110_Der Zhenru-Tempel

800 Jahre Geschichte und Besinnung

Es riecht nach Räucherstäbchen, Gläubige kommen auf ein kurzes Gebet vorbei, und die Chorgesänge der Mönche dringen nach draußen. Im ersten Stock hängt auf den Gängen des Tempels, vor den Zimmern der Mönche, frisch gewaschene Wäsche. Alles ist etwas anders als in den anderen Tempeln Shanghais, aber für den Eintritt von zehn Renminbi kann man in den zahlreichen Hallen die über 800 Jahre Geschichte des Tempels wunderbar erkunden.

Auf dem rund 9.000 Quadratmeter großen Areal zieren akkurat geschnittene Bonsai-Bäumchen die Wege. Im Gegensatz zu vielen anderen Stadt-Tempeln hat der Zhenru große, gepflegte Grasflächen und alte Bäume, in denen weiße Tauben sitzen und vor sich hin gurren. Doch das ist nicht das einzig Bemerkenswerte an dem buddhistischen Tempel. Er wurde im Jahr 1320, in der Zeit der Mongolen-Dynastie (1279–1368), erbaut. Seine Haupthalle (Dadian) ist das älteste erhaltene Gebäude Shanghais in der Ständerbauweise, bei der gebäudehohe Ständer das tragende System eines Gebäudes bilden. Der Zhenru-Tempel steht seit 1996 auf der Liste der Denkmäler Chinas.

In der Mitte der Halle ragt eine 35 Tonnen schwere Sakayumi-Statue, die wohl wertvollste aus burmesischer Jade, in die Höhe. Gemälde eines berühmten Mönchs aus der Tang-Dynastie (618–907) zieren die Wände. Ungewöhnlich sind auch die zahlreichen Gebetsrollen, die die 53 Meter hohe Pagode umzäunen. Normalerweise findet man Gebetsrollen eher in Tibet, seltener in einem Tempel in Shanghai. Es hat etwas Meditatives, wenn man sich auf einer Bank im Schatten der Bäume Zeit nimmt und die Mönche bei ihren Gebetsrunden beobachtet.

Die Pagode ist zum Wahrzeichen des Tempels geworden. Manchmal ist sie für die Öffentlichkeit zugänglich, und man bekommt einen wunderschönen Blick über Shanghai – mal aus einer ganz anderen Perspektive. Im Keller werden angeblich Relikte des Buddhas Shakyamuni aufbewahrt.

Adresse 399 Lanxi Road, Putuo District | ÖPNV Metro 11, Zhenru Subway Station, Ausgang 5, rechts in die Beishi Road, etwa 10 Minuten Fußweg | Öffnungszeiten So–Sa 7.55–16.04 Uhr | Tipp Früher befand sich in unmittelbarer Nähe des Tempels ein riesiger Fischmarkt. Er wurde abgerissen, geblieben ist das Restaurant »ZhenRu Seafood Cheng« (437 Lanxi Road).

111_Zum Weißen Röss'l

Wiener Flair in Shanghai

Mitten im ehemaligen jüdischen Viertel steht das Wiener Caféhaus »Zum Weißen Röss'l«. Es ist zwar nicht mehr das Originalgebäude – original erhalten sind lediglich die Stühle, einige Holzbalken und das eine oder andere Holzelement –, es kommt dem Original aber sehr nah.

Das Caféhaus war 1939 von dem jüdischen Flüchtling Rudolf Mosberg und seiner Frau Rosa eröffnet worden. Wie viele der »Shanghaier Juden« war das Ehepaar vor den Nazis aus Wien geflohen und sehnte sich in seine Heimat zurück. Das Weiße Röss'l dekorierten sie daher ganz im Wiener Stil: Kaffee, Blumen, Skulpturen, Gemälde. Selbst die Bäcker, Barmixer und Kellner waren echt wienerisch. Ebenso die Musik. Schnell wurde das Café zum Zentrum der jüdischen Gemeinschaft. Die meisten waren Ende der 1930er Jahre vor den Nazis nach Shanghai geflohen und wohnten in Tilanqiao im Hongkou District.

Schon kurz nach der Eröffnung wurde das Café durch einen Taifun zerstört. Mosberg, der all sein Geld in den Bau gesteckt hatte, konnte sich den Wiederaufbau nicht leisten. Sein Glück im Unglück war sein Freund Alfred Racek, selbst kein Jude, sondern Mitglied der Waffen-SS. Er schickte den Mosbergs unverzüglich 6.000 Dollar und machte so den Neuanfang möglich. Bald schon war das Weiße Röss'l wieder der Treffpunkt für alles, was in der jüdischen Gemeinde Shanghais Rang und Namen hatte. Unter ihnen Victor Sassoon und Elly Kadoorie, beide reiche jüdische Geschäftsmänner. Ab 1941 kamen immer mehr Japaner und immer weniger Juden in das Café. Die wirtschaftliche Notlage erlaubte es den meisten Juden nicht mehr, so viel Zeit wie früher im Café zu verbringen. Meistens verweilten sie nur für eine kurze Weile, um eine Tasse Kaffee oder ein Glas Wein zu trinken.

2009 musste das Café der Metro weichen, wurde aber 2015 nur hundert Meter von seinem ursprünglichen Standort nach Originalbauplänen wiederaufgebaut.

Adresse 67 Changyang Road, Hongkou District | ÖPNV Metro 12, Tilanqiao, Ausgang 4 | Öffnungszeiten 10–18 Uhr | Tipp Direkt gegenüber liegt das sehr sehenswerte »Jüdische Museum«.

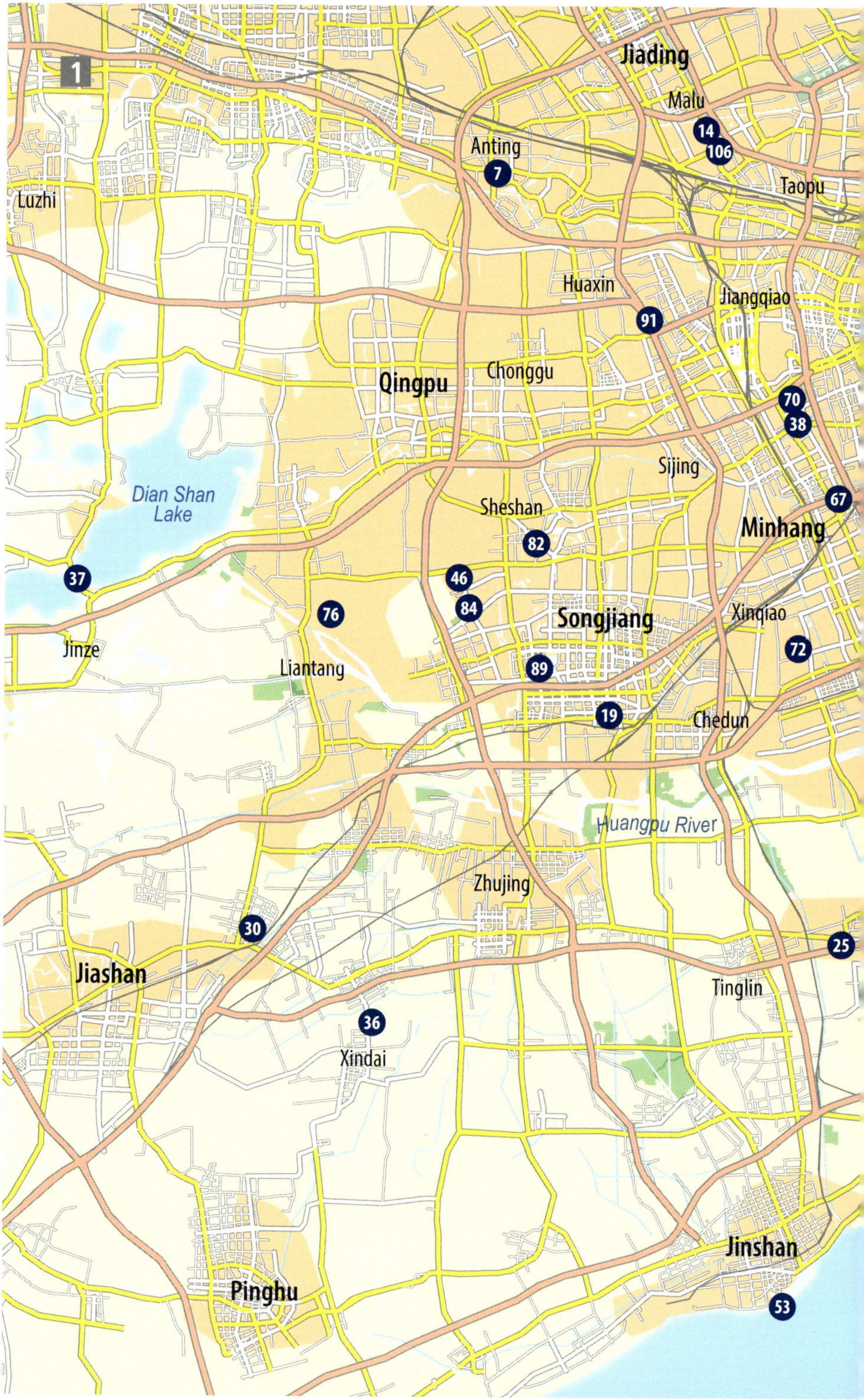

1
Jiading
Malu
14
106
Anting
7
Taopu
Luzhi
Huaxin
Jiangqiao
91
Chonggu
Qingpu
70
38
Sijing
67
Dian Shan
Lake
Sheshan
Minhang
82
37
46
84
76
Songjiang
Xinqiao
72
Jinze
Liantang
89
19
Chedun
Huangpu River
Zhujing
30
25
Jiashan
Tinglin
36
Xindai
Jinshan
Pinghu
53

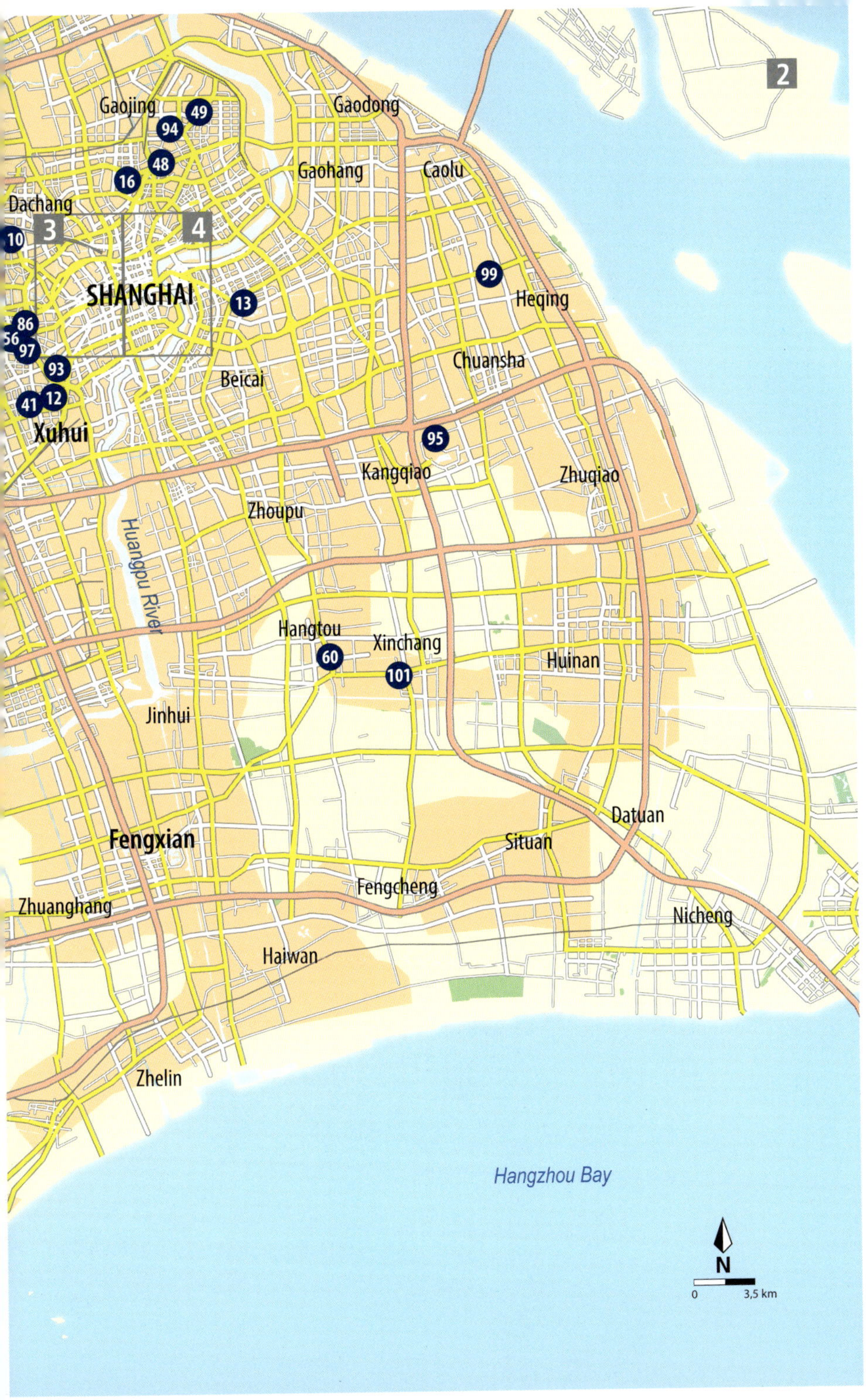

2
Gaojing
Gaodong
Gaohang
Caolu
Dachang
3
4
SHANGHAI
Heqing
Chuansha
Beicai
Xuhui
Kangqiao
Zhuqiao
Zhoupu
Huangpu River
Hangtou
Xinchang
Huinan
Jinhui
Datuan
Fengxian
Situan
Fengcheng
Zhuanghang
Nicheng
Haiwan
Zhelin
Hangzhou Bay
N
0
3,5 km

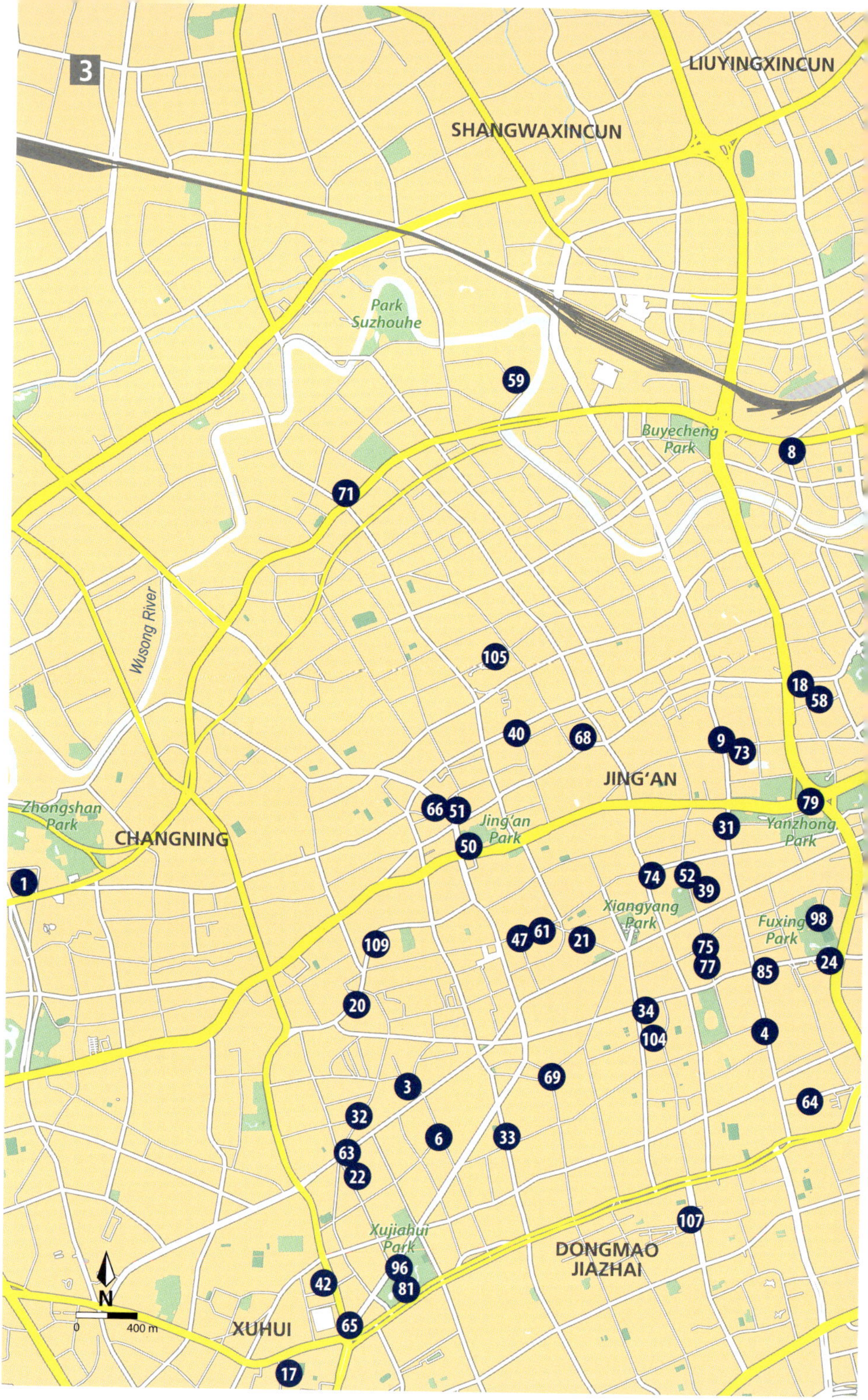

3
LIUYINGXINCUN
SHANGWAXINCUN
Park Suzhouhe
Buyecheng Park
Wusong River
JING'AN
Zhongshan Park
CHANGNING
Jing'an Park
Yanzhong Park
Xiangyang Park
Fuxing Park
Xujiahui Park
DONGMAO JIAZHAI
XUHUI
N
0
400 m
59
8
71
105
18
58
40
68
9
73
79
66
51
31
50
1
74
52
39
98
47
61
21
109
75
77
85
24
20
34
104
4
69
3
64
32
6
33
63
22
107
96
81
42
65
17

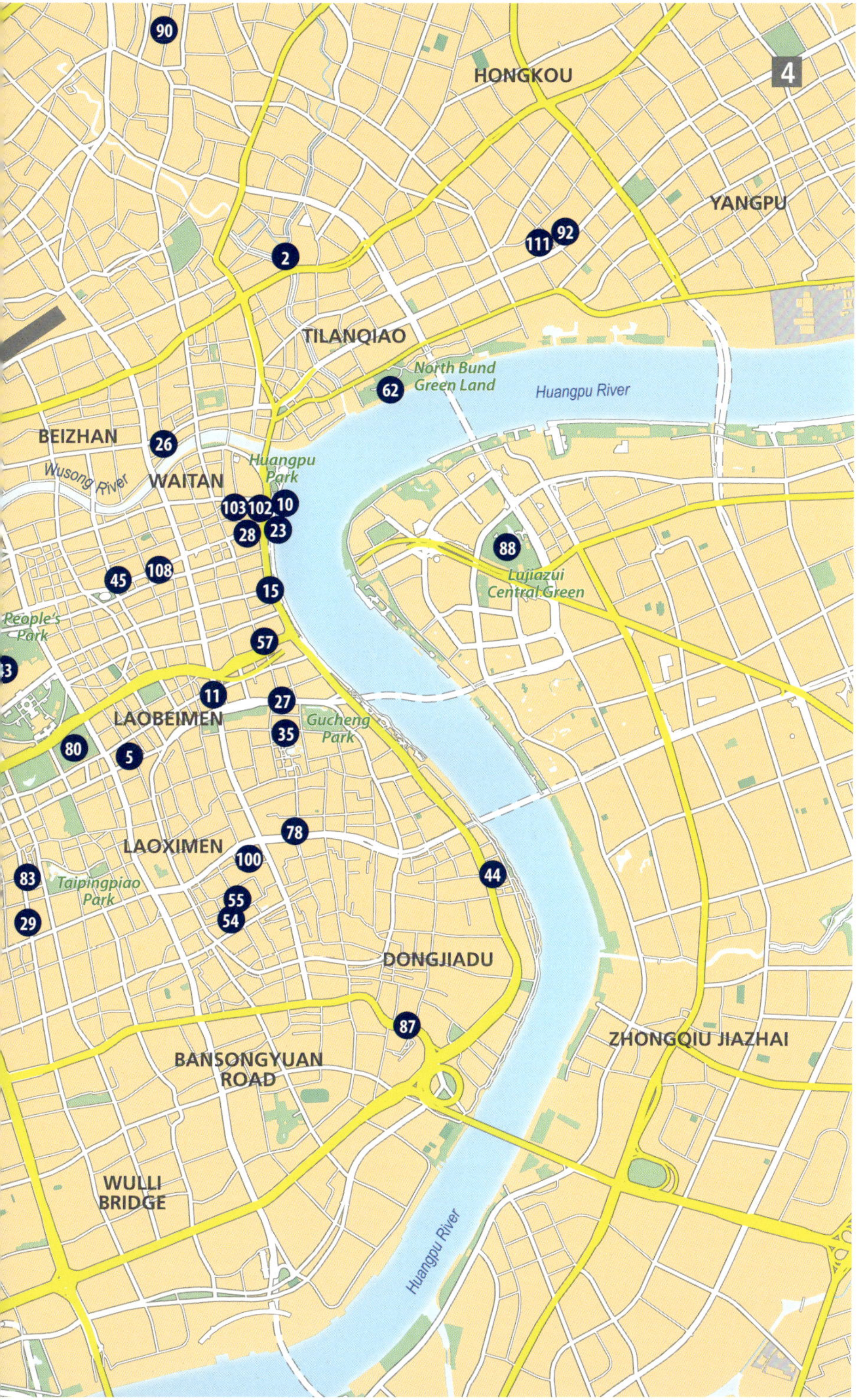
4
90
HONGKOU
YANGPU
111
92
2
TILANQIAO
North Bund Green Land
62
Huangpu River
BEIZHAN
26
Wusong River
WAITAN
Huangpu Park
103
102
10
28
23
88
Lujiazui Central Green
45
108
15
People's Park
57
11
27
LAOBEIMEN
Gucheng Park
35
80
5
78
LAOXIMEN
100
44
83
Taipingpiao Park
55
54
29
DONGJIADU
87
ZHONGQIU JIAZHAI
BANSONGYUAN ROAD
WULLI BRIDGE
Huangpu River

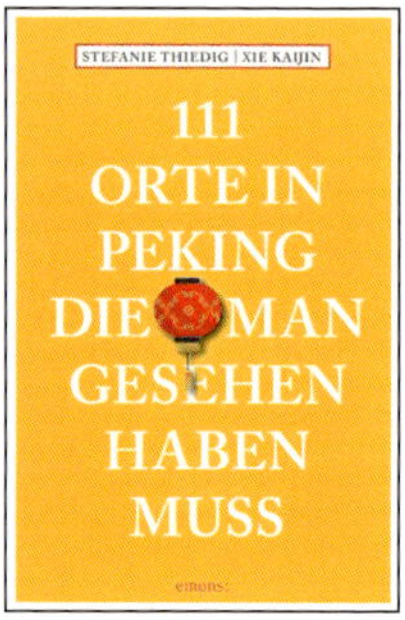

Stefanie Thiedig, Xie Kaijin
111 Orte in Peking, die man gesehen haben muss
ISBN 978-3-7408-0250-9

Kathrin Bielfeldt,
Raymond Wong, Jürgen Bürger
111 Orte in Hongkong, die man gesehen haben muss
ISBN 978-3-95451-914-9

Christine Izeki, Björn Neumann
111 Orte in Tokio, die man gesehen haben muss
ISBN 978-3-7408-0117-5

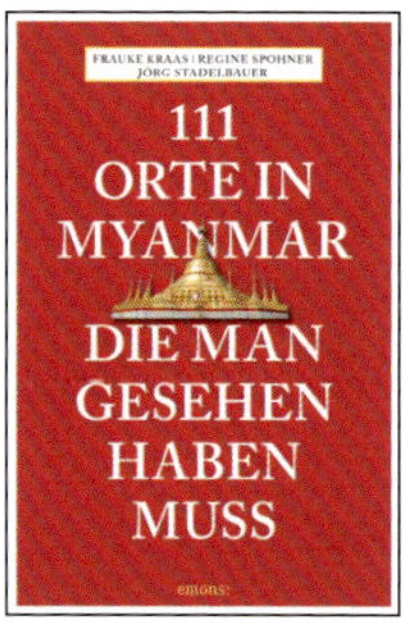

Frauke Kraas, Regine Spohner,
Jörg Stadelbauer
111 Orte in Myanmar, die man gesehen haben muss
ISBN 978-3-7408-0149-6

Christoph Hein, Sabine Hein
111 Orte in Singapur, die man gesehen haben muss
ISBN 978-3-7408-0337-7

Annett Klingner
111 Orte in Dubai, die man gesehen haben muss
ISBN 978-3-7408-0647-7

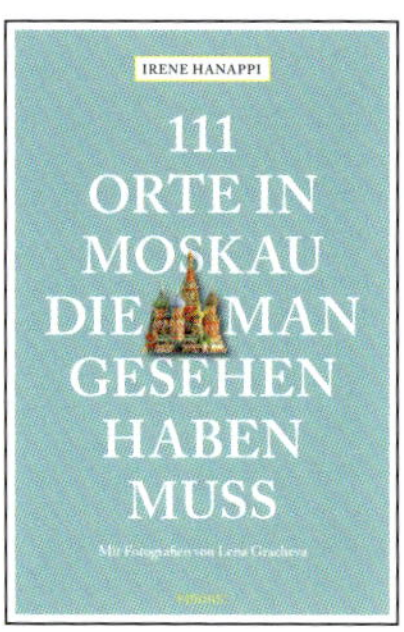

Irene Hanappi
111 Orte in Moskau, die man gesehen haben muss
ISBN 978-3-7408-0993-5

Laszlo Trankovits,
Rüdiger Liedtke
111 Orte in Kapstadt, die man gesehen haben muss
ISBN 978-3-95451-456-4

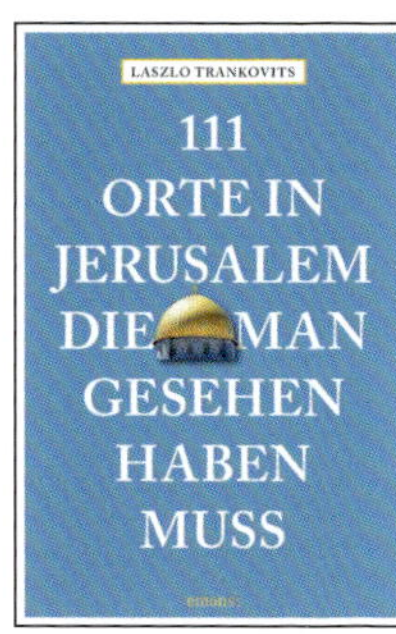

Laszlo Trankovits
111 Orte in Jerusalem, die man gesehen haben muss
ISBN 978-3-7408-0390-2

Andrea Livnat
111 Orte in Tel Aviv, die man gesehen haben muss
ISBN 978-3-7408-0725-2

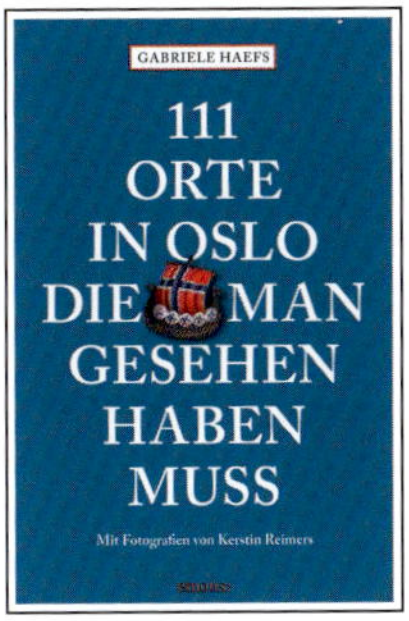

Gabriele Haefs
111 Orte in Oslo, die man gesehen haben muss
ISBN 978-3-7408-1088-7

Tarja Prüss, Juha Metso
111 Orte in Helsinki, die man gesehen haben muss
ISBN 978-3-7408-0342-1

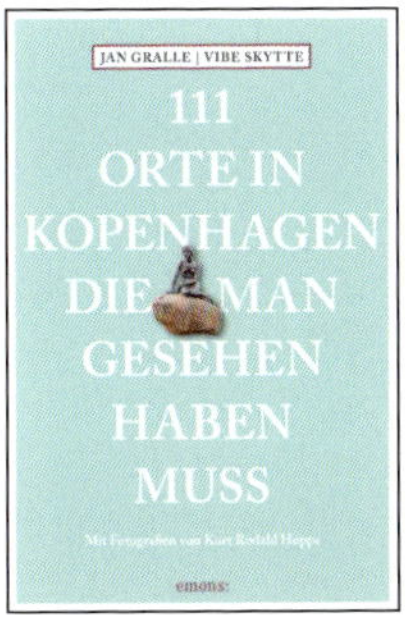

Jan Gralle, Vibe Skytte
111 Orte in Kopenhagen, die man gesehen haben muss
ISBN 978-3-7408-0243-1

Lucia Jay von Seldeneck, Verena Eidel, Carolin Huder
111 Orte in Berlin, die man gesehen haben muss
ISBN 978-3-7408-1097-9

Sybil Canac, Renée Grimaud, Katia Thomas
111 Orte in Paris, die man gesehen haben muss
ISBN 978-3-95451-847-0

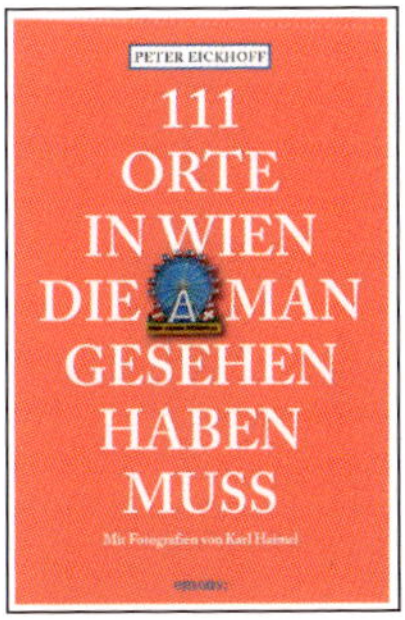

Peter Eickhoff
111 Orte in Wien, die man gesehen haben muss
ISBN 978-3-7408-0746-7

Annett Klingner
111 Orte in Rom, die man gesehen haben muss
ISBN 978-3-95451-219-5

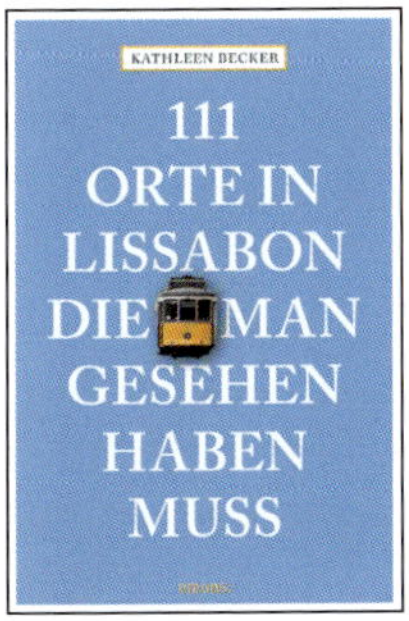

Kathleen Becker
111 Orte in Lissabon, die man gesehen haben muss
ISBN 978-3-7408-0244-8

Cornelia Lohs
111 Orte in Bern, die man gesehen haben muss
ISBN 978-3-7408-1385-7

Kay Walter, Rüdiger Liedtke
111 Orte in Brüssel, die man gesehen haben muss
ISBN 978-3-7408-0128-1

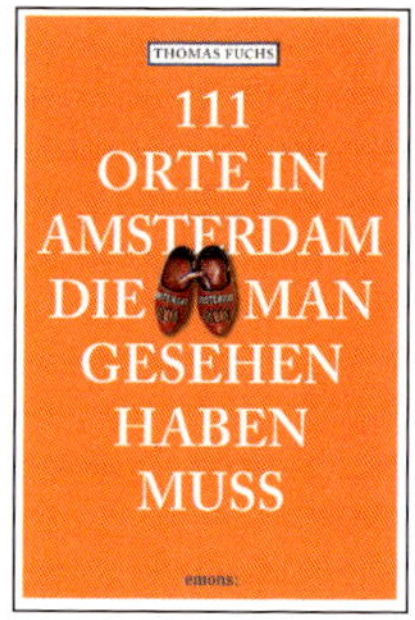

Thomas Fuchs
111 Orte in Amsterdam, die man gesehen haben muss
ISBN 978-3-95451-209-6

Christiane Bröcker,
Babette Schröder
111 Orte in Stockholm, die man gesehen haben muss
ISBN 978-3-95451-203-4

Frank McNally
111 Orte in Dublin, die man gesehen haben muss
ISBN 978-3-95451-853-1

John Sykes, Birgit Weber
111 Orte in London, die man gesehen haben muss
ISBN 978-3-7408-0970-6

Jo-Anne Elikann
111 Orte in New York, die man gesehen haben muss
ISBN 978-3-95451-512-7

Amy Bizzarri
111 Orte in Chicago, die man gesehen haben muss
ISBN 978-3-7408-0355-1

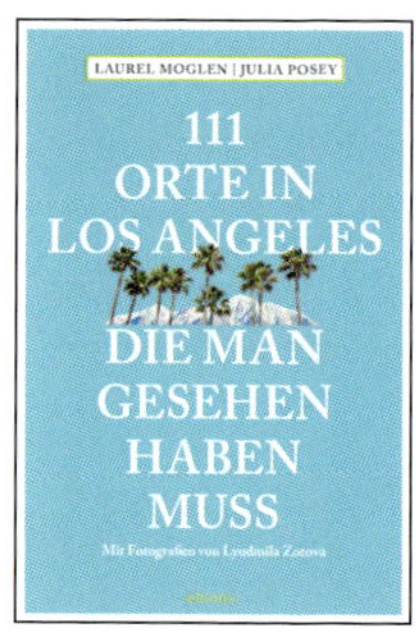

Laurel Moglen, Julia Posey
111 Orte in Los Angeles, die man gesehen haben muss
ISBN 978-3-7408-0125-0

Unser ganz besonderer Dank geht an unsere Shanghaier Freund*innen: Andreas, Bato (cyclechina.com oder WeChat: hellobato), Claas, Florian, Helene, Ines, Jan (www.sop-travel.com), Joy, Maja, Manfred, Patrick (www.historic-shanghai.com), Regina, Sebastien, Steffi, Steve, Susanne, Wang, Yves und viele mehr.

Nicole Beste-Fopma, Jahrgang 1969, ist Journalistin und Autorin. Während ihrer Zeit in Shanghai liebte sie es, mit ihrem Fahrrad die Stadt zu erobern und darüber zu berichten. Zur Zeit lebt und arbeitet sie in Singapur. Ihr Blog: www.shanghaiandi.home.blog.

Alexandra Steffens-Klein, Jahrgang 1969, lebt in Shanghai. Die freie TV- und Hörfunkjournalistin hat unter anderem für den WDR, Euronews und Radio France gearbeitet, bevor sie sich mit ihrer Produktionsfirma selbstständig gemacht hat. Sie erkundet jede noch so verborgene Ecke der Stadt. Ihr Blog: www.myshanghai.travel.blog.